青銅時代

青銅文化與藝術特色

張學亮 編著

崧燁文化

目錄

序言 青銅時代

文化是民族的血脈，是人民的精神家園。

文化是立國之根，最終體現在文化的發展繁榮。博大精深的中華優秀傳統文化是我們在世界文化激盪中站穩腳跟的根基。中華文化源遠流長，積澱著中華民族最深層的精神追求，代表著中華民族獨特的精神標識，為中華民族生生不息、發展壯大提供了豐厚滋養。我們要認識中華文化的獨特創造、價值理念、鮮明特色，增強文化自信和價值自信。

面對世界各國形形色色的文化現象，面對各種眼花撩亂的現代傳媒，要堅持文化自信，古為今用、洋為中用、推陳出新，有鑑別地加以對待，有揚棄地予以繼承，傳承和昇華中華優秀傳統文化，增強國家文化軟實力。

浩浩歷史長河，熊熊文明薪火，中華文化源遠流長，滾滾黃河、滔滔長江，是最直接源頭，這兩大文化浪濤經過千百年沖刷洗禮和不斷交流、融合以及沉澱，最終形成了求同存異、兼收並蓄的輝煌燦爛的中華文明，也是世界上唯一綿延不絕而從沒中斷的古老文化，並始終充滿了生機與活力。

中華文化曾是東方文化搖籃，也是推動世界文明不斷前行的動力之一。早在五百年前，中華文化的四大發明催生了歐洲文藝復興運動和地理大發現。中國四大發明先後傳到西方，對於促進西方工業社會發展和形成，曾造成了重要作用。

中華文化的力量，已經深深熔鑄到我們的生命力、創造力和凝聚力中，是我們民族的基因。中華民族的精神，也已深深植根於綿延數千年的優秀文化傳統之中，是我們的精神家園。

總之，中華文化博大精深，是中華各族人民五千年來創造、傳承下來的物質文明和精神文明的總和，其內容包羅萬象，浩若星漢，具有很強文化縱深，蘊含豐富寶藏。我們要實現中華文化偉大復興，首先要站在傳統文化前沿，薪火相傳，一脈相承，弘揚和發展五千年來優秀的、光明的、先進的、科學的、文明的和自豪的文化現象，融合古今中外一切文化精華，構建具有

中華文化特色的現代民族文化，向世界和未來展示中華民族的文化力量、文化價值、文化形態與文化風采。

為此，在有關專家指導下，我們收集整理了大量古今資料和最新研究成果，特別編撰了本套大型書系。主要包括獨具特色的語言文字、浩如煙海的文化典籍、名揚世界的科技工藝、異彩紛呈的文學藝術、充滿智慧的中國哲學、完備而深刻的倫理道德、古風古韻的建築遺存、深具內涵的自然名勝、悠久傳承的歷史文明，還有各具特色又相互交融的地域文化和民族文化等，充分顯示了中華民族厚重文化底蘊和強大民族凝聚力，具有極強系統性、廣博性和規模性。

本套書系的特點是全景展現，縱橫捭闔，內容採取講故事的方式進行敘述，語言通俗，明白曉暢，圖文並茂，形象直觀，古風古韻，格調高雅，具有很強的可讀性、欣賞性、知識性和延伸性，能夠讓廣大讀者全面觸摸和感受中華文化的豐富內涵。

肖東發

鼎成中華 夏代青銅器

中國青銅器貫穿了中華民族的整個文明史，形成了獨具特色、豐富多彩的青銅文化，在歷史上占有重要的地位，是中華民族的瑰寶。

夏代青銅器已經開始走出新石器時代青銅器製造的原始階段，其大量的禮器和兵器形成了中國青銅器造型的基本格局，神祕的獸面紋開啟了中國青銅器紋飾的主體圖案，莊嚴厚重的審美感受更是代表了中國青銅器的整體藝術風格，這些均為商周青銅器藝術鼎盛時期的到來作了必要的鋪墊。

▍夏禹鑄九鼎始治華夏

■夏代銅器

中國使用青銅器的歷史相當久遠，可以遠溯至夏商周之前。青銅器古樸凝重，造型典雅，是祖先的智慧結晶。青銅器在鑄造工藝方面有自己的特殊傳統，造型豐富、品種繁多、面貌各異、精品迭出，有很高的科學研究價值。

早在六五百多年前，陝西臨潼姜寨的仰韶文化先民鑄造出了第一塊銅片。隨後，從馬家窯文化到龍山文化時代，先民們又遺留下來了陶寺遺址的銅鈴、登封王城崗遺址的殘銅片、坩堝殘片等。

中國發現最早的青銅器是馬家窯文化的青銅刀，距今約四八百年。

在甘肅青海距今四千年的齊家文化時代，他們則開始冶鑄或冷鍛出銅刀、鑿、錐、鑽頭、斧、匕、指環以及小飾件和鏡子等銅器。被確認最早的三件銅鏡屬齊家文化，它們的製作較粗糙，但是青銅鏡已無疑問。

這些均顯示了中國文化由「銅石並用時代」向「青銅時代」的緩慢過渡。

夏代是中國第一個進入階級社會的奴隸制王朝，人類文明已由石器時代步入了青銅時代。

　　這時，青銅器工藝在總結新石器時代器物製造經驗的基礎上取得了長足的進步。偃師二里頭遺址和夏縣東下馮遺址這一片獨特面貌的早期青銅文化區域，跟中國歷史記載的夏王朝統治的範圍大致吻合。

　　根據偃師二里頭夏代遺址所發現的夏代鑄銅作坊和青銅器物來看，這一時期的青銅二里頭文化中的銅牌飾器已經出現了禮器、兵器、生產工具、樂器和裝飾器等五大類型，而在貴族墓中發現的青銅器主要是禮器和兵器。

　　可以說，夏代貴族墓中出現的禮器和兵器，奠定了中國青銅器以禮器和兵器為主的構架模式。傳說夏禹鑄九鼎，從此中國歷史上才有了「定鼎」「問鼎天下」和「一言九鼎」等說法。

　　大禹建立夏朝後，在以前先王子孫諸侯國林立的基礎上，又分封了很多諸侯國，時間長了，有些諸侯不免離心離德。為了檢閱天下究竟有多少諸侯國，維護夏朝和諸侯國的統屬關係，大禹決定召開一次諸侯大會。因這時適值各方諸侯來朝，夏禹趁機舉行郊祀之禮，眾諸侯都留在陽城住。

　　祭畢，諸侯紛紛散開，然後又聚攏到一起。大家對於大禹深深不滿。

　　一個諸侯說道：「真是好笑，他向上天推薦皋陶，可是皋陶已經老病垂危，朝不保夕，哪個不知道？他要禪位於他，豈不是虛領人情嗎？」

　　一個諸侯接著說道：「我聽說，夏禹的兒子啟糾合了無數心腹之臣，想承襲王位。大禹哪裡肯傳賢人呢？」

　　後來不太滿意的諸侯就都紛紛歸去。

　　大禹郊祭之後，看見諸侯不服而去的有三十三國之多，心中不免納悶。計算起來，不服之國以東南兩方為多。於是大禹決定在陽城東南的塗山儘早召開諸侯大會，以檢討自己的過失。

　　到了正式大會的日子，大禹穿了法服，手執玄圭，站在台上，四方諸侯按照他們國土的方向兩面分列，齊向大禹稽首為禮，大禹在台上也稽首答禮。

　　禮畢，夏禹大聲向諸侯說道：「我德薄能鮮，不足以服眾，召集大家開這個大會，為的是希望大家明白懇切的責備、規誡、勸喻，使我知過，使我

改過。我胼手胝足，平治水土，雖略有微勞，但生平所最兢兢自戒的是個『驕』字。」

「舜帝也經常以此來告誡我說：『汝唯不矜，天下莫與汝爭能；汝唯不伐，天下莫與汝爭功』，如果我有驕傲矜伐之處，請大家當面告知，否則就是教我不仁啊！對大家的教誨，我將洗耳恭聽。」

大家都明白禹受命於天，原本對大禹有意見的諸侯看到大禹這種態度，也都表示敬重佩服，消除了原先的疑慮。

這次大會，各方諸侯都帶來了朝賀的禮物，大國獻玉，小邦獻帛，史書記載「禹會諸侯於塗山，執玉帛者萬國」。

大禹對各諸侯又重加賞賜，並申明貢法，要求必須按照規則繳納。同時，大禹也表示要竭力保護各諸侯國的權利，使其不受鄰國干擾。塗山大會之後，諸侯高高興興分道而去。大禹也率領群臣返回都城陽城。走到半路，忽然傳來急報，說皋陶去世了，大禹聽了，非常傷心，返都之後，就又改薦伯益於天。

這樣，從前疑心的諸侯知道誤會了大禹，就在堅決擁護大禹的同時，也積極進獻各類貢品。

為表示敬意，各方諸侯常來陽城獻「金」，即青銅；後來，九州所貢之銅年年增多，大禹想起從前黃帝軒轅氏功成鑄鼎，為了紀念塗山大會，就準備將各方諸侯進獻的青銅，鑄造成幾個大鼎。

但為免諸侯責備，大禹經過深思熟慮，決定哪一州所貢之金，就拿來鑄哪一州的鼎，將哪一州內的山川形勢都鑄在上面。

並將從前治水時所遇到的各種奇異禽獸、神怪等一併鑄在鼎上，使九州之百姓知道哪一種是神，那一種是奸。

又過了幾個月，大禹已在位五年了。夏禹承帝舜之制，也是五年就巡視天下一次。

　　巡視回來後，氣勢磅礡的九鼎鑄成，即冀州鼎、兗州鼎、青州鼎、徐州鼎、揚州鼎、荊州鼎、豫州鼎、梁州鼎、雍州鼎。鼎上鑄著各州的山川名物、珍禽異獸。

　　九鼎象徵著九州，其中豫州鼎為中央大鼎，豫州即為中央樞紐。九鼎集中到夏王朝都城陽城，藉以顯示夏王大禹成了九州之主，天下從此一統。九鼎繼而成為「天命」之所在，是王權至高無上、國家統一昌盛的象徵。

　　大禹把九鼎稱為鎮國之寶，各方諸侯來朝見時，都要向九鼎頂禮膜拜。從此之後，九鼎成為國家最重要的禮器。

【閱讀連結】

　　據史料記載，夏王朝初期就開始了銅器的鑄造。「昔有夏後（啟）使蜚鐮折金於山川，而陶鑄之於昆吾」，說明夏代建國之初就在各地開採銅礦，用來鑄造兵器和禮器。

　　一九六〇年代以來，在夏王朝的國都遺址，即偃師二里頭遺址的發掘中，不僅出土了許多青銅器物，而且還發現了鑄造青銅器的作坊，從這些考古發現就可以看出夏代青銅手工業的進步和發展。

　　後來夏朝為商所滅，九鼎就遷於商朝的都城亳邑。商朝為周所滅，九鼎又遷於周朝的鎬京。後來成王在雒邑營造新都，又將九鼎安置在雒邑，謂之定鼎。這就是所謂的「鼎在國在，鼎失國亡」。

　　九鼎作為鎮國之寶、傳國之鼎僅傳三代。約兩千年後，因周末戰火頻仍而神祕失蹤，至今不知所在，成為千古之謎。

中期青銅工藝日趨成熟

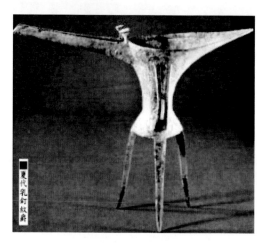

■夏代乳釘紋爵

　　除了禹鑄九鼎之外，有關夏朝的史料上還有夏禹之子夏啟煉銅的記載，說明夏朝中期，中國青銅器鑄造技術已經趨於成熟，中國歷史正式走進了青銅器時代。

　　夏代青銅器鑄造手工業作坊遺址和青銅器的大量使用，是當時社會進入青銅器時代的重要標誌，也證明夏代是中國青銅文化發展的重要階段。夏代青銅器的紋飾，除了乳釘紋、圓餅紋和幾何紋以外，就是牌飾上的獸面紋，它也是已知青銅器上最早的獸面紋。

　　夏代青銅製品的器類很少，主要以小件的工具和兵器為主，並且是仿照陶、木、蚌器而製作的。二里頭發現的青銅器不多，都是一些小工具和兵器，如矢鏃、戈、戚等，另外還發現了青銅禮器爵。

　　爵的整個數量雖然還不足十件，但在鑄造史上卻有著極為重要的意義。從鑄造簡單的兵器、工具到鑄造容器，都是技術上的飛躍。

　　二里頭的青銅禮器，僅限於飲酒器爵。其基本特點是：爵的流部狹而較平，尾短、無柱，或有柱狀的雛形，底平。體較扁，下承三足。體型可分為長體束腰式、長體分段式及短體束模式等數種。

足有長短兩類，長足為三角尖錐形，短足為三角段形，有些短足可能是使用時因損壞或腐蝕所導致。有的鋬做成鏤空狀。

夏代青銅器一般沒有紋飾，但有些爵的杯體正面有一排或兩排圓釘狀紋飾，一些器物上也出現了簡樸的雲紋、弦紋和網紋。

除此以外，值得重視的就是鑲嵌綠松石的牌飾了，牌上的獸面紋除兩眼之外，其他部分都是抽象而不寫實的。它也是已知的青銅器上最早的獸面紋。

如在二里頭遺址發現的鑲嵌圓銅器，此器直徑十七公分，厚〇點五公分，器物的邊緣鑲嵌六十一塊呈長方形的綠松石。再如二里頭一座墓葬中發現的長圓形獸面紋銅牌飾，牌飾凸起的一面以綠松石黏嵌成異常精緻的獸面紋圖案。

這兩件器物是中國所見到的最早的複合物質銅器，其已經脫離了該種類技術的最初階段，從中可以看出夏代的青銅鑄造技術有了較大的突破。

除了傳說夏禹鑄九鼎，史料中更有夏禹之子煉銅的記載，而且在偃師二里頭和洛陽東干溝遺址中也有夏代煉渣、煉銅坩堝殘片、陶範碎片，這些也證明二里頭已經有了冶煉和製作青銅器的作坊。

二里頭遺址處於青銅時代初期。一般來講，鑄造實體器遠遠不如鑄造空體器難，鑄實體器只需要單扇範即可；而空體器的鑄成不但要有外範，還要有內範才可。從發現的銅爵的鑄造痕跡來看，當時已能採用多合範法了，充分代表了當時青銅鑄造工藝的水準。

二里頭的夏代青銅爵是中國發現最早的青銅容器，形體單薄，束腰，平底，細三足，流部和尾部都較長，個別的還在流與口的接合處有兩個矮小的柱。銅鈴形體不大，一側還有一個近似半圓形的扉稜。

二里頭青銅器的形體都較小，粗糙、單薄，說明青銅器的製作正處於初級階段。儘管發現的這一時期的青銅製品數量不多，但它代表了新的生產力，在生產、生活及戰爭中所表現出的優點，遠遠超過石、木、蚌、骨器，造成了劃時代的作用。

　　中國青銅器時代開始於夏代晚期，多發現於二里頭遺址第三期，遺址與墓葬遺物除有陶、玉、石、骨、蚌器外，更重要的是有不少的青銅製品。河南西部地區屬夏代晚期遺址，另外還有鄭州洛達廟和上街、陝縣七里鋪、洛陽東干溝、臨汝煤山、淅川下王崗等地。山西夏縣的東下馮遺址、河南的新鄭望京樓和商丘地區也有個別發現。

　　夏朝二里頭青銅器在鑄造技術和工藝水準上，較銅石並用時代已有重大突破和發展，這時除小件的實體器工具和兵器仍用簡單的單扇範鑄成外，銅爵等青銅空體器的製作變得更為複雜。

　　二里頭遺址和墓葬發現的銅器成分，據測定，除少數為純銅器外，大部分為青銅器。其中的一件爵，含銅百分之九十二，含錫百分之七；另一件爵，含銅百分之九十一點八九，含錫百分之二點六二，含鉛百分之二點三四；一件銅錛的成分為銅占百分之九十一點六六，錫占百分之七點〇三，鉛占百分之一點二三。這些均表明當時就已能鑄造出含錫量較大的青銅容器和工具了。

　　從某種意義上說，夏朝已經能冶鑄銅、錫、鉛元素的合金了。在二里頭遺址宮殿基址的附近發現了多處手工業作坊遺址，其中以鑄銅作坊遺址規模最大。

　　在這裡發現的鑄銅作坊遺址共有三處：一處位於宮殿區南部四區，面積達一萬平方公尺以上。在這裡發現了爐壁殘塊、銅渣塊、範縫扉邊銅塊、陶範等。

　　爐壁用黏土製成，已燒成紅燒土塊裡面有極少穀粒或植物葉痕，土質堅硬。內壁黑灰色，有的內壁保留一層或多層的銅痕。

　　陶範也用黏土製成，經過火的燒烤，胎內有穀粒或草葉痕，使用面敷有一層細泥，十分光平，陶範的背面陰刻有符號。在這裡清理了四處較完整的鑄銅工作面，其形狀皆為長方形，最大長十六公尺，寬六公尺左右。

　　陶範由許多層路土疊壓堆積而成，每層路土內有若干片紅燒土面和成片的銅綠鏽。在路土層中，還有一些分布不太規則的柱洞，並夾有少量的銅渣、銅片、爐壁殘塊。

在這些遺址周圍的灰坑中，則有更多的塊狀銅渣、小件銅器、爐壁殘塊、陶範碎片和黑色的木炭等。這些多是當年從鑄銅遺址中清理出來倒入灰坑內遺存下來的。

陶範數量多，形體大，有的長或寬在十公分以上。有大刀範，有單線條花紋範。從鑄器的弧度看，直徑為三十六公分。有的爐壁可看出爐子的形象。夏代青銅器除極個別小件生產工具是出在洛陽遺址之外，絕大多數都是在偃師二里頭遺址內發現的。

在二里頭遺址中，小件生產工具基本上都是在遺址的灰坑之中發現的，而較大的兵器和禮器等則都是出於二里頭的中小型長方形成豎穴土坑墓葬之中。

在遺址中採集的部分青銅禮器和兵器，很大可能都應當是出自破壞的墓葬之中。銅器成組或與其他玉器同時出現的墓葬主要有下面八座：

遺址有銅鈴、銅牌飾各一件。該墓位於宮殿區北面，墓底隨葬品豐富，兩件銅器放在北中部，大致位於墓主人的胸部。此外在墓室北部同時還出土有柄形玉器、玉管、綠松石管和漆器等。

位於宮殿北約五百五十公尺遺址墓穴中，有銅爵、銅戈、銅戚、圓泡形銅器和圓形銅器。與銅器同出的還有陶器、玉器、綠松石等。

墓中的隨葬品有兩件圓形銅器和玉鉞、玉戈、綠松石飾、骨串珠及海貝等。

其餘的隨葬器則放在棺的上部和二層台上，銅爵與陶盉放在南邊，圓泡形銅器、石磬放在北邊，銅戈、銅戚放在中部東西兩側；銅戈、銅戚的附近各有一堆散亂的綠松石片。玉柄形態飾放在正中。

墓穴遺址還有銅爵、銅刀各兩件。墓底中部有長方形腰坑。隨葬銅器和其他的玉圭、玉鉞、陶爵、陶盉、陶盆等。

另外墓穴遺址還有銅爵一件。隨葬還有玉石器和陶器等。銅爵與陶盉放置於北中部，柄形玉器在中部西側，綠松石串珠置於南中部。

六區墓穴有銅斝、銅爵各一件。此處隨葬品十分豐富，除兩件銅器外，還有陶器、海貝、鹿角等。銅斝置放東南角，銅爵置西壁靠南，陶器簋、盉、圓腹罐、大口樽器蓋等以及漆觚、玉柄形飾、海貝全都放置於北中部。

六區墓穴遺址還有銅爵、銅鈴和銅牌飾各一件。隨葬品除陶銅器外，還有陶器、玉器和漆器。陶器爵、盉、圓形陶片大部在南頭，玉器圭、刀、戚、壁、管狀器、柄形飾等。

六區另一墓穴遺址還有銅爵、銅鈴、銅牌飾和銅刀各一件。隨葬品除銅器外，還有陶、玉石器等二十件。

銅爵出在墓底西側中部，銅鈴、銅刀在墓底中心部位，銅牌飾在東側中部。玉器刀、戈、柄形飾和石鏟、綠松石片等都放在墓底或東西兩側的中部。陶器盉、簋、盆和貝殼、綠松石珠等均放置在北部，圓腹罐放於西南部。

五區墓穴遺址有銅鼎、銅斝和銅觚三件。

在青銅器的鑄造技術上，大規模鑄銅作坊遺址的發現，既表明二里頭遺址的青銅器就是當地的，又說明夏代的青銅鑄造業已經頗具規模；銅兵器中消耗量較遠射程武器銅鏃的出現，進一步說明當時青銅器鑄造已經能夠解決大批銅錫原料的供應。

從鑄銅坊遺址坩堝和大熔銅爐的發現，表明當時的鑄銅技術已進入冶煉與鑄造分工的階段，夏都鑄銅作坊使用的銅應當是從外地冶煉好運送來的。

遺址出土的圓形銅器和長圓形銅牌飾，其上的紋飾均是由綠松石鑲嵌而成。這些鑲嵌銅器是中國銅嵌玉石器物的代表，既反映了當時熟練的鑄造工藝，又反映了當時熟練的金屬鑲嵌技術。

銅器化學成分的合金比例，銅錫含量的比例和後期相比，顯然是銅多錫少，但是它說明了當時已初步掌握了銅工具鑄造中銅、錫或鉛配製方法。

因為銅工具與銅容器的用途不同，它不僅需要有硬度，而且需要有抗拉強度；加錫或鉛的合金就增加了硬度，但抗拉強度卻減少了。生產工具的含錫、鉛量如果超過百分之二十五，就容易破碎，沒有使用價值。

【閱讀連結】

　　夏代青銅器鑄造手工業作坊遺址的發現和相當數量青銅器的出土，是當時社會進入青銅時代的重要標誌，也是中國青銅器發展的重要階段。

　　青銅比紅銅熔點低，硬度高，可塑性強，可以根據不同需要製造出多種用途不同的器具。青銅器鑄造在奴隸社會的經濟文化的發展中造成了極大的推動作用，並且為中國夏代以後青銅器發展奠定了雄厚的鑄造技術基礎。

▌青銅器從簡單走向豐富

■夏代陶盉

　　透過對夏朝後期青銅器以及鑄銅遺址的發現和類別形制的分析，可以發現，夏代青銅器有幾個特點。

　　首先，貴重的青銅器基本上都是出在形制較大、隨葬品豐富的奴隸主貴族大墓之中，表明當時貴重的銅器手工業產品皆為奴隸主貴族所有。當時的青銅鑄造掌握在奴隸主貴族手中，夏代王都二里頭遺址鑄銅作坊應當是由王室官吏經營管理的。

其次，夏代青銅器的種類主要是禮器和兵器，表明在奴隸制度下的夏代鑄銅手工業生產主要是用來滿足奴隸主貴族的需要。

在中國奴隸制國家裡，奴隸主認為，「國之大事，在祀與戎」，目的是使奴隸主的利益透過祭祀得到祖先和神靈的保護，又透過戰爭來擴充土地，掠奪更多的財富，並用武力來鎮壓奴隸的反抗。

因此，在奴隸主控制下的鑄銅手工業必然是用來為他們的利益服務，主要生產奴隸主貴族作為祭祀用的禮器和打仗用的兵器。

再次，從銅器出土的數量、種類和器形看，夏代銅禮器的組合十分簡單，主要是以銅爵為主，在發現銅禮器的十一時座墓中，就有九座有銅爵，而且有兩座墓中發現銅爵各兩件。

在墓中銅爵都是單獨出現，只有一例是爵與斝相組合。另外也有單獨一件斝或一件盉的，也見有一座為鼎、斝、觚三件相組合的。

另外，夏代青銅器造型一般比較簡單，不少小件的生產工具和兵器，如扁體四角的銅錐、短小扁薄的銅刀、錐形和圓葉形的銅鏃、上端無銎的銅鑿、銅錛等，均應是仿製石骨蚌器而做成。

同時，夏代銅禮器的器壁極薄，其型制仍處於原始的雛形，如束腰平底爵、圓腹平底空心錐足鼎、束腰平底或圜底空心錐足斝等，均是同類銅器中最早的形式。夏代銅器未見銘文，大多數都為素面，只見有部分銅器上有簡單的紋飾。

偃師二里頭遺址的夏代青銅器總計約有六十多件。按其用途大致可分為禮器或容器、兵器、生產工具、樂器和裝飾器五類。

從種類看，已較銅石並用時代有了極大的豐富。其中青銅禮器包括有鼎、斝、盉、爵四種。

遺址有青銅網格紋鼎一件，圓形，斂口，折沿，鼓腹，平底；環形立耳，三條四角空心錐足。腹飾帶狀網紋。器壁較薄，壁內一處有鑄殘修補痕。口

徑十五公分，底徑九十公分，壁厚〇點一五公分。此鼎是中國最早的銅鼎，對於研究青銅鼎的起源有著重要的意義。

再有銅斝三件，均做敞口，束腰，鼓腹，側附半環形耳，三空心錐足，口沿立兩矮柱。根據底部的不同可分為兩式：

一式為圜底斝，圓腹，圜底，口沿柱做齒狀。口徑十四點五公分至十四點八公分，腹徑八點九公分，高二十七公分，壁厚〇點二公分；短頸，腹外撇，底部外凸，較細，口沿沒小柱。腰部飾細凸線紋四周，並相間圓圈紋三周。

另一式為平底斝，體瘦高，腹外撇，寬平底，半圓形空心錐足，口沿兩柱做三角形錐狀。

從整體觀察，斝的器鼓腹部分似乎歸屬於三足部分，三個錐形足與器腹相通，這是由於那時期鑄造技術還沒有解決內範懸空的能力，其實是一種缺陷，但也成為育成期銅器特點之一。在口沿部分設置一對柱，為三角柱，整體似釘。內口沿有一圈範線，口沿也經過加厚。其鼓腹部位出現圓突的圓形裝飾，這是火紋的濫觴。

遺址還有銅盉一件，肥頭瘦足，頭做圓頂平底，頂部有橢圓形口，口下有扁平帶鏤孔的半環形，對應一側有管狀流，下有三條三菱形空心錐足。此盉是銅盉中的最早形式，時代屬夏代晚期。

另有銅爵十一件，均做出了長流尖尾，束腰平底，側有扁平形，下有菱形實足。

器體較矮，流比尾略低，底腰呈橢圓形，三足規格不一，兩足三菱形，一足四菱形。流尾長十四公分，高十二公分。

還有一件流尾略上昂，足做較細的三角椎形，微向內斂，上有鏤孔。流尾長四公分，高五公分。

還有的流尾細長，略微向上，口沿處兩柱作錐形，腹明顯外撇，三足做細長的三角椎狀。腰側扁平扳飾條形鏤孔，腹部一面有兩道寬凸線，中間排列五個乳釘。

還有兩件流細長上昂，腹外鼓。上部有長形鏤孔，腹部飾有鏤孔四個，其四周隆起如獸眼。

再來看看兩件銅角，為帶管狀流的爵。一件發現於河南洛陽洛寧，凹弧形敞口，兩尖尾上翹，體扁圓形，束腰平底，寬扁半環形和管狀長流，底下有三菱形錐足。

另一件敞口呈凹弧形兩端尖銳，口沿有加厚唇邊，器身狹長呈扁形，底部有假腹，腰側有扁形，腹上有一斜置的管狀流，流上有鉤形稜脊。假腹下設有三個三菱形錐足，其上有一週圓孔裝飾，好似聯珠紋。

爵和斝、盉構成了所謂夏代酒器組合，萌生期銅器器壁普遍較薄，這樣可以節省貴重的青銅原料。

而有一件管流爵三足殘缺，與一般銅爵不同，此器一側斜置一流，流上有兩個曲尺形裝飾物，沒有一般的狹流，敞口，兩端呈翼形，靠近管流一側略高。口沿略厚，防止使用時破裂。

這件銅爵器鏨特大，平底，設置了有一排圓孔的假腹。腹上飾有弦紋和乳釘紋，這時期的乳釘紋很特殊，為實心，區別於後期與此相似的空心連珠紋。管流口部水平線低於器口，這樣液體會自主溢出。從痕跡來看，管流前端斷缺，可知管流應該更長。

河南洛寧發現的管流爵，卻沒有設假腹，足與器體連接處有突出的銅塊。湖北黃陂盤龍城另發現一件獸面紋單柱管流爵，管流設置在流口部，前端也有所殘缺，可知管流爵並不用於飲酒，應用於灌酒或倒酒之功用，這給早期爵的用途研究提供了寶貴資料。

從這些青銅器管流觀察來看，可以看到範線，證明採用分範鑄造法，已經比較先進。夏朝青銅樂器只發現鈴一種，裝飾品有銅牌飾和圓形器兩種。

銅鈴均做上大下小的筒形，平口，頂附半環紐，側有豎扉稜。近口部有凸弦紋一週。

銅牌飾均做長圓形，中間做成一面略凸的鏤孔，兩側各附兩個半環紐，以不同的綠松石片鑲嵌排列成精巧的獸面紋。中部束腰，近似鞋底形，獸面紋鼓目，卷雲豎眉，圓鼻。

有的做圓角梯形，獸面彎眉，圓眼，尖鼻，嘴長利齒，身飾鱗紋，形象威武兇猛。

銅圓形器做圓形，鑲嵌綠松石。有的做圓泡形，周沿較平，中間隆起，沿上附對稱的小圓孔，並鑲嵌綠松石，隆起部分有草蓆痕。

有的做正圓形薄片，一面以長方形綠松石鑲嵌形似鐘錶刻度的圖案，中間兩圈各二個「十」字形。

這些器物屬於夏代晚期，都是用綠松石鑲嵌裝飾的銅牌飾打磨非常精細，顏色較為統一，顯然經過精心篩選。在黏貼時很可能採用動物膠，比較牢固，幾千年來只有很少一部分脫落。

透過脫落的部分可以觀察到，松石片非常薄，這要花費很大工夫才可以做到。綠松石裝飾工藝一直沿用整個青銅時代，常見於形制較小或者禮儀用器之上，是異常精美的裝飾。

銅牌飾都位於墓主胸口左側，應是較為珍貴的裝飾品。另外，銅鈴則位於墓主腰部，個中是否有連繫，尚待研究。

夏代的青銅兵器有戈、戚、鏃三種。

其中一件銅戈援中有稜脊，鋒成三角形，援面由脊向刃斜抹，近刃處有一道細溝，十分鋒利。內較窄，與援直角相接，中部有一圓穿鑲嵌綠松石的凸起雲紋。

另一件銅戈呈窄條形，援內相連無明顯分界，戈身從內向援逐漸變窄，向前聚成尖鋒，援中起稜脊，援面從脊開始向兩側斜抹，近刃處有一道細溝。鋒刃十分鋒利。內較平，前部安柲，中部有一個方穿，穿後有四道凸起的豎線，線後有四個較長的橫齒。

銅戚做長條形，橫切面呈長橢圓形，刃部略外侈，形似長條窄身斧，內扁平，上有一方穿，內與身之間有向外伸出的齒形闌。

銅鉞做長方形，一端略寬為平刃，另一端中間略微凸起，飾帶狀的網紋一周，其下有一圓穿孔，寬六點一公分，刃寬七點六公分，殘長三點五公分，厚○點五公分。

二里頭的這件大鉞援部接近正方形，有別於上下援部曲弧的形式。這樣的大鉞僅發現數例，大鉞作為禮儀用器，儀仗用器，應該用祕穿束立起。

靠近內部之處設有兩個長方形孔，用以拴繫皮條，來捆綁長祕。如此重量的大鉞想必其祕也是很粗大的。

夏遺址發現銅鏃十餘件，大致可分為：尖錐形鏃，橫切面呈梯形；圓葉形鏃，鋌做三角錐形；雙翼鏃，圓脊，翼後有倒鋒，長圓鋌。圓脊，翼無倒刺，鋌圓形粗大，身做三角形，稜脊，兩翼內凹，菱形鋌。

夏朝青銅生產工具數量多，有錛、鑿、刀、鋸、鑽和魚鉤六種。

遺址發現銅錛兩件，均做扁平長方形，一面刃。還有四件銅鑿，均做長條形，一面刃。一件剖面呈梯形；一件通體呈方柱形，頂端有錘擊痕。

此外，遺址還有銅刀九件，銅鋸一件，扁平長方形，一端較窄，下側帶鋸齒；銅鑽一件做錐形，尖部鋒銳；銅錐一件，體扁平，向一側彎曲，四稜向聚成尖鋒；銅魚鉤一件，由細圓錐的尖部彎曲而成，另一端凹下可以繫線。

遺址發現的綠松石龍形器，在龍的腰部有一單翼銅鈴，鈴口內有玉質舌，夏代晚期銅鈴已發現數例，都有單翼，是這一時期的特點。

經檢測，二里頭遺址青銅器的含鉛量都比較高，這也可以作為斷代依據之一。

除二里頭以外，在山西省襄汾縣陶寺遺址發現約公元前二千一百年至前一千九百年的陶寺文化中晚期，夏朝銅齒輪形器，與玉璧疊壓在陶寺晚期小墓墓主手臂上，墓主胸前處有小玉璇璣。

銅齒輪形器設有實用傳動功能的二十九個齒牙，引發了當時表現朔望月輪迴功能的推測；也有人認為其為釧飾。

【閱讀連結】

據銅齒輪形器的發掘者梁星彭、嚴志斌介紹，出土銅齒輪形器的墓主胸前放置一件小玉牙璧或稱璇璣。

過去學術界曾經將牙璧視為天文觀測儀器「璇璣」。後經考古學家夏鼐先生研究認為，牙璧不可能是天文觀測儀器，越來越多的學者不再將牙璧視為天文儀器。但是陶寺牙璧乃玉璧出牙，有別於玉璧，一定有特定的象徵意義。

有學者提出，「死者的胸脯上放了一個璇璣，其意為能通天、入地，璇璣就代替了人的心機。」

還有學者提出，牙璧的功能象徵日暈，較大者應是人們遇旱時用以象徵太陽神進行禱雨的神玉。

夏鼐先生則認為是「禮儀或宗教上的裝飾品」。牙璧雖不可能作為天文觀測儀器的機械傳動或制動裝置，但是應當有天文象徵意義。於是認為陶寺佩戴銅齒輪形器的墓主生前的職業可能是從事天文曆法相關工作的小吏。

商彝千古 商代青銅器

　　商代是中國青銅器的核心時期，是青銅時代波瀾壯闊、光彩奪目的一頁。商代早期的青銅器在鄭州出土很多，這是因為鄭州商城是商代早期都邑的原因。

　　從出土的青銅器來看，無論在造型設計、花紋裝飾，還是在鑄造技術上較前代有明顯的進步。此時期的禮器種類增多，器物紋飾主體已是獸面紋，並開始出現了銘文。

▌早期青銅器進入全新階段

　　商代是夏朝之後的一個王朝，它的建立結束了夏末的紛亂局面，國家的力量進一步加強。

　　商朝從公元前一六〇〇年至公元前一〇四六年，歷時五百多年，其中以盤庚遷殷為界而分為早期、中期和晚期三個階段。

　　商朝早期指公元前十六世紀至前十五世紀中葉這一階段，河南鄭州二里崗文化的青銅器是商代早期的代表，二里崗包含上下兩層堆積，文化內涵極為豐富。

　　與二里崗文化類型相同的遺址和墓葬多處，富有典型特徵的如：河南省輝縣琉璃閣墓葬、鄭州白家莊墓葬、鄭州銘功路墓葬、鄭州張寨杜嶺墓葬、安陽殷墟第一期、河北省藁城台西商代遺址與墓葬、北京平谷劉家河商墓、湖北省黃陂盤龍城商墓、江西省吳城、山東省大辛莊、河南省偃師等地，也相繼發現了同期青銅器。

■商朝婦好爵

　　與夏朝二里頭的青銅器相比，商朝早期的青銅器發展到了一個全新的階段，不論在造型設計、花紋鏤刻，或是工藝技術上都有了飛躍性的進步。

　　此時青銅禮器占主導地位，成為青銅時代最主要的象徵。並且通常是成套的，表現了當時禮制的發展和國家機器的加強。商代早期的青銅工藝已經相當成熟，鑄造水準較高，但傳世品較少。

　　綜合各地商代早期青銅器物來看，一般包括：鼎、大鼎、大方鼎、鬲、簋、爵、管流爵、斝、罍、罍、提梁壺、瓠形提梁壺、中柱盤、平盤等，涉及飪食器、

酒器和水器等門類。較早的器類都比較簡單，但是爵、觚、斝組合而成的一套酒器已被普遍使用。

二里崗下層的青銅器，器壁普遍很薄，火蛇紋鼎。二里崗上層的青銅器，有的器壁已經相當厚重。此時期器物的體積也有所增大。

商代前期青銅器較二里頭時期在器物種類上已相當豐富了，是二里頭時期所不能比擬的。二里頭時期只發現了少量的幾種爵、斝、鈴等空體器，大部分都是小件的實體工具與武器，另外還有裝飾品。

二里崗時期的青銅製品種類一般都是先前所沒有的，例如：食器主要有鼎、鬲、甗、簋；酒器主要有爵、觚、斝、樽、罍、盉、卣；水器主要有盤、盂；兵器與工具主要有戈、矛、戟、鉞、鏃、刀、錛、鑿、斧、鋸、魚鉤等。

商代早期青銅器具有獨特的造型。鼎、鬲等食器三足，必有一足與一耳成垂直線，在視覺上有不平衡感。鼎、斝等柱狀足成錐狀足和器腹相通，這是由於當時還沒有掌握對範芯的澆鑄全封閉技巧。

商代早期的方鼎巨大，容器部分做正方深斗形，與殷墟時期長方槽形的方鼎完全不同。爵的形狀承繼二里頭文化樣式，一律為扁體平底。流部都是狹而長的形式。青銅斝除平底型的以外，還出現了袋足斝。

商代早期的青銅觚、樽、瓿、罍等圈足器皆有十字形大孔，比如二里崗上層的青銅器十字形都成大方孔的；有的更在圈足的邊沿，留有數道缺口，如鄭州和黃陂盤龍城都發現過這種實例。

同時，管流斜置於頂上的半封頂袋足盉，後側有一大鋬可執，在這一時期內頗具特色。罍皆狹唇高頸有肩，形體也偏高。商代早期壺有提梁的有長頸小口鼓腹形和小口體呈懸弧形的兩種，也有小口器矮頸且不設提梁的。

商代早期青銅器一般胎質較薄、紋飾簡單質樸，大多是寬線和細線組成的變形獸面紋，以粗獷的勾曲迴旋的線條構成，全是變形紋樣。除獸目圓大以為象徵外，其餘條紋並不具體表現物象的各個部位，展現了二里崗時期青銅文化特點。

此外，這個時期紋飾的另一個特色就是多平雕，個別主紋出現了浮雕。

如樽、罍等器肩上已有高浮雕的裝飾，所有的獸面紋或其他動物紋都不以雷紋為底。

所有的獸面紋或其他動物紋都不以雷紋為底，是這一時期的特色。商代早期的幾何紋極其簡單，有一些粗率的雷紋，也有單列或多列的連珠紋，乳釘紋也已經出現。

這一時期的銅器裝飾，從整體而言有著簡單質樸的作風，多是單層沒有底紋，常見的饕餮紋常是兩個相對的夔紋所組成，並且常以圈帶紋作為饕餮紋上下的界線。有的獸面紋更簡單，僅在扉稜兩側各鑄出一圓點代表饕餮的眼，扉稜代表獸面的鼻。也有的將夔做成同向的格局，特別突出夔的眼目。

這時還有單以夔紋為飾的，如黃陂盤龍發現的鉞，鉞體兩側和上端均飾夔紋。另外還有雲雷紋、圓渦紋、乳丁紋、直行弦紋和人字形弦紋、魚紋、龜紋、虎紋、蛇紋等。

同時，商代早期的青銅器，極少有銘文，以前認為個別上的龜形是文字，實際上仍是紋飾而不是文字。

但其實這時銘文已有萌芽。鄭州白家莊發現的一件銅罍，肩部飾有三個龜形圖案，該圖案應是「黽」字，是氏族徽號。

另外還有一件銅鬲，鬲上有一「互」銘，應是罕見的商代前期的青銅器銘文。

商代早期青銅器的合金成分經測定：含銅量在百分之六十七點〇一至百分之九十一點九九之間，含錫量在百分之三點四八至百分之十三點六四之間，含鉛量在百分之〇點一至百分之二十四點七六之間，成分不甚穩定。但含鉛量較高，使銅液保持良好的流動性能，與商代早期青銅器器壁很薄的工藝要求相合。

從一些完整墓葬發現的商代早期青銅器看，出現了不同種類器物的相互組合，這種組合常常形成一定的規律與模式，反映了當時人的生活習俗和一定的禮治意義。

以河南地區的商代早期墓葬為例，鄭州白家莊二號墓有銅質鼎、斝、爵、罍、盤及象牙觚，而這時期一些墓葬銅觚與銅爵同出，二號墓無銅觚，而有像牙觚，在組合上象牙觚代替了銅觚是很清楚的。

琉璃閣兩百〇三號墓銅製品僅有一件爵，但還隨葬一件陶質觚，由此可見爵、觚在組合上常常是連繫在一起的。這一時期組合形式的萌芽，為以後青銅禮樂器的發展提供了習俗上和思想意識上的基礎。

商代青銅冶鑄業是先前所不能比擬的，最能反映商代前期冶鑄技術水平的是鄭州張寨杜嶺發現的兩件銅鼎，均為斗形方腹，立槽耳，四柱足，腹表每面左、右、下的邊側飾乳丁紋，腹部上端飾獸面紋，器的整體諧調平穩。

一號鼎通高一公尺，重約八六點二公斤；二號鼎通高〇點八七公尺，重約六十四點二五公斤，形體之大是這一時期所罕見的。

在鄭州發現的一處銅器窖藏有兩件與前者在造型與花紋上都相似的大方鼎，從而表明鑄造這種方形大鼎在當時已不屬於個別，足見其鑄造水準。

這一時期青銅器物的造型雖然多仿製陶質等其他材料的器物，但不是單純的模仿，而是根據青銅材料和色澤特點進行再創造。

鼎基本上有三種形式，圓形、分襠和方形。圓形鼎基本上又有兩種形式，圓腹錐足與圓腹扁足。但河南鄭州商代窖藏發現的重約三十三公斤的饕餮紋大圓鼎，三足從上向下收縮，著地處做平面式，這是這一時期鼎足形制較為特殊的一種。

鼎體一般均做深腹，足為中空式，兩凹槽立耳，但也有無凹槽的。尤其特殊的是，一耳與一足相對應，另一耳則在兩足中間，是商早期鼎器的重要特徵，有別於以後的每耳均對應一足的特點。

而其他早期青銅器中，鬲腹多呈分襠袋足狀，三空錐足，頸內凹，兩直耳。甗與簋少見，甗合鑄，口沿有雙耳和無雙耳，甑體下收，鬲為分襠袋足狀。

如黃陂盤龍城發現的兩件簋，均做深腹，有較高的圈足，一件無耳，一件腹部有一雙較寬的獸耳，可見在商代前期簋中已有有耳與無耳的區別了，至少這兩種形制的簋是並行發展的。

酒器中的斝，做平底或袋足狀。爵腰內收已不明顯，除雙柱爵外，在流口上又出現了分叉的單柱爵。

開封有一件商代早期封口的盉，極新穎，這是盉造型上的一個特例。頂部有一斜立流的封口空足杯，改變了前人認為該種器型始於商代後期的傳統觀點。

北京平谷劉家河發現的銅盂，圓鼓腹，三足，有蓋，有提梁，肩上一短流。罍呈圓腹或長圓腹，器肩上常有羊頭飾，為商後期同類的大型器物找到了淵源。銅卣為長圓腹或圓腹，圈足較高。樽為圓腹，大侈口，高圈足。

水器盤多做圓腹下收，折沿，高圈足，圈足上有鏤孔。如北京平谷劉家河的一件銅盤，在盤口沿上還鑄有二鳥柱。鄭州的渦紋中柱盂，在盂底中心立有一柱，柱頂呈覃狀。

此種特點的盂，是商後期如婦好墓的汽柱甑形器、侯家莊西北崗墓穴的旋龍中柱盂的先導。這種特點甚至在河北平山戰國中山國墓穴的鳥柱盆上也有所表現，盆中心一柱，柱頭立一正在鳴叫的雀鳥。

青銅武器形制的情況是：戈，援狹窄，有上下欄，有的內部中心有一小穿孔。銅鉞，體呈長方形，中一圓形孔，弧形刃。矛，體似柳葉形，中部起脊，靠近銎處有一對鉤形紐。鏃為雙翼式。

【閱讀連結】

商朝前期，青銅器鑄造採用合範法。首先要製模。製模時，先用陶泥堆出一個範座。然後是翻範，就是將模放在其上，在模外直接敷上陶泥壓實。這後敷上的陶泥就是外範。

待陶泥半乾時，將外範切成幾塊，將外範取下陰乾後用微火烘烤，這個過程叫製外範。而製內範是先將製外範用過的泥模，趁濕刮去一薄層。這刮下去的厚度，即是所鑄銅器的厚度，刮去一層的泥模就是內範。

合範就是將內範倒置於底範座上，再將幾塊外範置於內範周圍，外範塊與外範塊用榫卯接實。合範後，要在上面製作封閉的範蓋，範蓋上做澆注孔和排氣孔，以便澆注銅液和排出空氣，防止阻塞銅液。接下來，就是將熔化的青銅液從澆注孔灌入。最後等青銅液冷卻凝固後，將外範打碎，掏出內範，將所鑄銅器取出。銅器鑄好後，需要用礪石修平磨光，最後要用木炭進行擦磨拋光。

中期青銅文化繼續發展

商代中期是指公元前十五世紀中葉至公元前十三世紀這一階段，時間大約相當於中丁至小乙時期。

商朝早期與晚期文化分布中心分別在鄭州、安陽兩地。但商朝中期考古文化的中心則較為分散，反映了當時政治的不穩定。

在此間的幾批青銅器發現後證明，這些器物不但具有某種商代早期的特點，有較多的演變，還有某些殷墟時期的特點。其代表有河北藁城台西村遺址下層墓葬、北京平谷劉家河商代墓葬、安徽阜南和肥西地區、豫西的靈寶東橋等地區。

中期作品在殷墟文化一期的如小屯墓所發現的部分青銅器。但這類器物殷墟發現並不多，而其他地區的卻比殷墟的更為典型、更為精美。

商代中期青銅器除了生產工具和兵器外，容器的種類比早期有所增加，主要有鼎、鬲、甗、爵、觚、樽、盉、壺、瓿、卣、罍、盤、簋、豆等。

爵尾與早期相似，但流已放寬，出現的圓體爵是前所未見的。斝除空椎狀足外，出現了「丁」字形足，底多向下臌出，平底已少見。

早期出現的寬肩大口樽，此時才開始有較大的發展，如造型厚重雄偉的阜南龍虎樽和獸面紋樽是商代早期從未出現的。這個時期發展起來的還有瓿這類器形，如藁城的獸面紋瓿。

早期體型較高的罍，在這時發展為高度較低而肩部寬闊的樣式，以巨型獸面紋罍為其典型。

這時的圈足器上的「十」字形和方形的孔，與早期的相比有所縮小。

鼎、鬲類器比較突出的變化是一耳不再與一足對立，形成不平衡狀，而是三足與兩耳對立，成為以後所有鼎的固定格式，但這時澆鑄芯範懸封的方法還沒有完全解決，因而中空的鼎足還有與器腹相通的情形。

商代早期從未出現的瓿這類器形，也是這個時期發展起來的，藁城的獸面紋瓿是其典型。

商代中期出現用雲雷紋襯底的複層紋飾，其設計和雕刻之複雜精細，是早期作品所無法比擬的。浮雕獸面紋也開始出現，但一般都比較圓渾，不似商晚期那般硬朗銳利。有的器體上開始用扉稜裝飾，顯得凝重雄偉。

紋飾分為兩類：

一類是二里崗變形動物紋的改進，原來粗獷的線條變得細而密集。一般如平谷的獸面紋鼎和肥西的斝與爵，而阜南龍虎樽和嘉山泊崗的主紋獸面紋已經較為精細，圈足上的獸面紋仍保持了早期的結構和風格。

第二類是出現了用繁密的雷紋和排列整齊的羽狀紋構成的獸面紋。這類獸面紋往往雙目突出。如果不是浮雕的話，無論是頭像還是軀體都沒有明顯的區分。

商代中期的銘文沒有太大的發展，也是處於萌芽階段，一般器物也沒有銘文，但是在個別器上發現鑄有做器者本人的族氏徽記。

杜嶺方鼎是商代中期最大的青銅禮器，用於祭祀、飪食。和商代後期以司母戊鼎為代表的方鼎造型相比，杜嶺方鼎腹部過深，足相對較短，顯得莊嚴感不足，耳和口沿也太單薄，尚有外範接合不嚴、部分紋飾有重疊的缺點。

杜嶺方鼎採用多範分鑄而成，鼎體巨大，造型渾厚莊重，口呈長方形，上立兩次鑄成的拱形立耳一對。深腹，腹壁微內斂，平底，下有四個上粗下細的空柱形足，器身四面和四隅各鑄單線獸面紋一組。每面兩側與下部飾乳釘紋，足部也鑄有饕餮紋與弦紋。

杜嶺方鼎共兩件。一件高十公尺，重八六點四公斤，方形，深腹，雙耳四足，腹上部飾獸面紋，兩側及下部飾乳丁紋，形體質樸莊重；另一件稍小，高〇點八七公尺，重六十四點二五公斤。

鼎是古代烹煮、盛放肉食之器，早在八千年前就出現了陶製的鼎，當時作為一種日用炊具，用以煮飯。但其真正的發展高峰則出現在商朝和西周時期。

尤其是商代，以鼎為代表的祭祀用容器的製作最負盛名，它被視為祭祀天地和祖先的「神器」，並被籠罩上一層神祕而威嚴的色彩。

杜嶺方鼎的發現，開拓了人們對商代中期青銅工藝的眼界，它為商後期出現的司母戊大方鼎等在造型上開了先河。

三星堆遺址發現的商代青銅神樹，通高三點九六公尺，由於最上端的部件已經缺失，估計全部高度應該在五公尺左右。樹的下部有一個圓形底座，三道如同根狀的斜撐扶持著樹幹的底部。樹幹筆直，套有三層樹枝，每一層三根枝條，全樹共有九根樹枝。

青銅神樹所有的樹枝都柔和下垂。枝條的中部伸出短枝，短枝上有鏤空花紋的小圓圈和花蕾，花蕾上各有一隻昂首翹尾的小鳥；枝頭有包裹在一長一短兩個鏤空樹葉內的尖桃形果實。在每層三根枝條中，都有一根分出兩條長枝。

在樹幹的一側有四個橫向的短梁，將一條身體倒垂的龍固定在樹幹上。底座圈上三個拱形足如同樹根，主幹上三層樹枝，均彎曲下垂，樹枝尖端有花朵果實，其上均有立鳥，全樹共九隻鳥。

主幹側有一身似繩索的殘龍。這株鑄造於三千年前的青銅神樹，極為壯觀，真可算是獨樹一幟，舉世無雙。

商代中晚期的青銅器在冶煉、鑄造技藝和藝術表現上都已經達到了高度成熟的地步，能夠充分地發揮青銅材料的特點，作品被賦予某種社會意識形態的功能。

【閱讀連結】

杜嶺方鼎公元一九七四年由一個名叫袁海軍的環境保護人員在挖土過程中挖出，地點為河南省鄭州杜嶺張寨前街，兩件鼎分別收藏於中國國家博物館和河南省博物院，其中第二件被譽為河南省博物院「九大鎮院之寶」。

在中國，九鼎象徵九州，是國家政權的象徵。「桀有昏德，鼎遷於商，商紂暴虐，鼎遷於周」，此所謂定鼎中原，問鼎中原，三足鼎立也；周公制禮作樂，創列鼎制度，「天子九鼎八簋，諸侯與王朝卿士七鼎六簋，大夫五鼎四簋，士三鼎二簋」，此所謂明貴賤，辨等列，別上下也。

▌晚期青銅文化不斷創新

■商朝亞址方觚

　　商代晚期指公元前十四世紀至公元前十一世紀這一歷史時期，其中河南殷墟遺址、墓葬發現的青銅器是商代晚期的代表。

　　另外從全國各地的青銅器來推斷，青銅器冶鑄業雖然是以王都為中心，但在各地奴隸主貴族統治下的都邑，也都設有大大小小不同的作坊。

　　殷商後期是中國古代奴隸社會的鼎盛時期，此時手工業中的青銅鑄造業有了更大的發展，從二里頭遺址看，在青銅器基礎上發展起來的殷墟青銅器，不僅品類較全、形式多樣，而且在造型設計和鑄造工藝等方面都有較大的突破和創新，達到了中國青銅器發展史上的一個新高峰。

　　商代晚期從武丁後期至帝辛接近兩百年的時期內，又可分為殷墟時期的前、後兩個階段。

　　殷墟時期前段以小屯墓穴所發現的青銅器為代表，其他地區的以山西石樓二郎坡、桃花莊、後藍家溝和湖南寧鄉黃材等地發現的青銅器為代表。

　　殷墟前段青銅器的器形有方彝，高頸寬口橢扁體壺，敞口束頸橢扁扇體觶、觥等。殷墟墓出土有「偶方彝」，偶方彝的外形似兩方彝合體，內為一長方形槽。高頸寬口橢扁體壺口寬而橢扁，頸較高，腹部膨大，頸兩側有貫耳，下有圈足，有的有蓋。

　　石樓桃花莊扁壺也大約風行於商代晚期的前段，到晚期後段就迅速消失了。

　　殷墟墓有一種敞口束頸橢扁體觶，有的無蓋，頸部收縮都不是很小，有寬狹不同的做法；器多小型，也有做中型的。

　　另一種敞口束頸圓體似杯的觶，大約也在此時出現。上述兩種觶在傳世品中很多。

　　觥有做鳥獸形和圈足的兩類。鳥獸合體造型的觥，前足與後足不相同，如婦好觥前為虎後為梟的合體，司母辛觥前為怪獸後為怪鳥的合體，另外還有一前為虎頭後為鴨形而平喙的獸禽合體觥。

　　同時還發現有鳥獸形樽，如婦好鳥樽、湖南湘潭豬樽、醴陵象樽，都是前所未有的新形式。也有的設計成半容器半動物的樣式，如雙羊樽，中間是樽形，兩側為羊頭，形狀特殊。

　　值得注意的是，方器在這時大為發展。殷墟墓發現的有方爵、方斝、方樽、方罍、方壺、方缶等，而傳世器中還有方觚、方觶，幾乎主要的酒器都有方形。從整體上來看，雖然方器是很小的一部分，但卻是富有特徵的器物。

　　從商代中期就產生的器類，在本期內也有或多或少的變化，並且出現了一些新的樣式。食器中鼎的變化較大，除了通常的樣式外，新出現的形式有自器腰以上收縮、口唇外翻的鼎，這主要是中小型鼎。還有一種是容器部分很淺的柱足或扁足鼎。

　　袋腹似鬲的柱足鼎，俗稱分襠鼎，是此時期流行的新樣式，前段的特點是袋腹較深。晚期前段的方鼎都是槽形的長方狀鼎，柱足粗而偏短，也有扁足方鼎。柱足和扁足方鼎在殷墟墓中都有典型的樣式。

　　甗在商代早期黃陂盤龍城墓中發現有一例，之後再也沒有見到過。晚期前段有較多的發現，均做甑鬲連鑄形，甑體都大而且深。

　　甗口部的做法有兩種：一種自口至腹都為直壁，口沿處有寬闊且加厚的邊條。如小屯墓中就有此種直壁甗；另一種口部侈大，殷墟墓有這類甗。前者大約主要流行於前段，後者成為固定的沿用樣式。

　　婦好三聯甗分左、中、右置於一箱形的釜上，是一種比較特殊的形式。

　　鬲這類器物不是特別流行，傳世的有殷墟鬲，多為深袋足；安徽阜南月牙河發現的鬲，器頸處直而收縮，翻唇，也是深袋足。

　　簋在早期的黃陂盤龍城墓中曾發現過一件，為圈足雙耳。晚期前段出現了無耳簋，這種簋形體比例較寬，圈足直而往往有小方孔，口微斂而翻唇。殷墟墓及武官村大墓都發現有無耳簋，後者比前者上口翻唇的曲度還要大。

　　無耳簋是在晚期前段較為盛行的樣式，此時沒有發現雙耳簋。

　　爵、觚、斝仍是組合的酒器。扁體爵已大為減少，圓體爵盛行。觚的造型為頸部向細長髮展，喇叭口擴大，斝鋬上開始有了較多的獸頭裝飾，三足有明顯增高的趨勢。

　　同時出現了圓體和橢方體不分段的斝，前者如殷墟武官北地墓圓體斝，後者如小屯墓的橢方體斝。

　　殷墟早期出現過的袋足斝，在晚期的前段又復甦。此時期內還出現了角，但很少，比如殷墟墓中發現有爵近五十件，卻未見有一件角。大型的酒器如大口有肩樽和罍或瓿，形體也都有所變化。

　　大口有肩樽，原來比例偏低的體型在這時有顯著的增高趨勢，有的圈足特別高，圓體的如殷墟墓發現的有司束母樽，方體的如湖南寧鄉出土的「四羊方樽」。但這種樽也只是流行於晚期前段，以後就逐漸減少。

　　瓿這種器形可分為兩類：短頸和無頸合口，後者主要是這一時期出現的，並且有的有蓋。山西石樓後藍家溝的百乳雷紋瓿、殷墟墓的婦好瓿及湖南寧鄉出土的獸面紋瓿，都是極為典型的樣式。

　　但是瓿這種器類如同大口有肩樽一般，在商晚期後段基本上不再鑄造了。袋足斜流半封口的盉仍有所發現，安陽侯家莊大墓發現的鑄銘左、中、右三盉都是袋足方形盉，是一種形體較為莊重的祭器，但是袋足盉這類酒器也是越來越少了。

　　水器類盂是新出現的器形，如小屯西北岡墓發現有附耳盂，上有銘記載：「寢小室盂」，器壁侈斜，是為盥洗用器。殷墟墓的盂直口翻唇，有附耳，並有對稱的兩系。

　　殷墟時期後段，由於青銅器上的銘文有所發展，根據內容記載可確定一批標準器或非標準器。這些器有小臣俞樽、戍嗣子鼎、小子茜卣等，都屬於帝乙、帝辛時期。

　　體似觚形的無肩樽和橢扁體卣是此時期新出現的典型器物。安陽大司空村墓的卣都成組合；殷墟西區墓屬於第四期，時代最晚，也有兩觚形樽；小屯圓葬坑中有卣隨葬。

前段的寬肩大口樽和後段的觚形樽，前段的高頸寬口橢扁壺和後段的提梁壺卣似乎表現出了一種興衰的交替。

雙耳簋在這個時期很流行，但容器部分還是與以前的神似，形體基本上為斂口翻唇形和敞口似碗形兩種，雙耳在口沿處下方，而且有垂珥。

有一種粗大雙耳發達近口部或高於口部，並有長垂珥的簋，出現得更晚，無耳敞口簋仍繼續使用。這一時期簋的圈足有增高的趨勢，有的圈足下緣做出一道寬闊的邊條以增加其高度。圈足上開孔的現象已基本消失。

商代晚期的青銅器紋飾最為發達，樣式和種類也比中期的豐富得多，在藝術裝飾方面呈現出高峰，與青銅禮器的高度發展一致。

此時，器物紋飾豐富多彩、繁縟富麗，以獸面紋和夔紋為主，還有鳥紋、象紋、蠶紋、蟬紋等。獸面紋飾只是紋樣結構規格化的形式，所表現的物像很多。

此時的裝飾特點是集群式，以多種物象或作為主紋或作為附飾布滿器身，甚至視線所不及的器物底部也有裝飾，有的一件器物上有多達十多種動物紋。

商代晚期前段獸面紋中間的鼻準線，有的不接觸下闌底線，獸吻常連成整體而中間不隔開；後段的獸面紋往往由於獸鼻尖通到下闌底線而被分割成為兩個部分。

就表現手法而言，商代中期紋飾的形體基本上還有象徵性，除了炯炯有神的雙目外，其餘部分即使是較精細的圖像，也是主幹底紋不分、輪廓不清。

商代晚期動物形象比較具體，有的甚至還帶有寫實感，紋飾主幹和底紋明顯地區分開來。底紋通常是繁密的細雷紋，與主紋構成了強烈的對比。

紋飾的主體採用浮雕的現象很普通，同時採用平雕和圓雕相結合的手法，層次更加細膩豐富。有的浮雕表現出幾個層次，而且一個層次做成一面高的坡形，這種層疊式的浮雕被稱為「三層花」。

商晚期青銅器紋飾以動物和神怪為主題的獸面紋得到了空前發展，成了古代裝飾藝術的典範。商代的青銅器矗立於奴隸制時代文化的巔峰，它的創

造經驗不但直接影響了當時各個不同的藝術門類，而且直接為西周前期所繼承。

比如商代雙面神人青銅頭像，呈半人半神形象，反映了商代巫風盛熾的狀況。

巫師的職責乃貫通天地，上天見神，使神降地。商代雙面神人青銅頭像前後兩面完全對稱，一幅神祕詭異、威嚴懾人的面容，其半人半神的形象與通行於人神之間的巫師身分相符。

頭像中空扁體，兩面對稱。人首造型，面呈倒置等腰梯形，額寬，頂圓，邊直，頜方。眼眶窩凹，眼球突出，內開大孔。鼻梁修長，翼肥蒜狀，兩孔較小。嘴張齒露，中牙鏟形，側牙鉤卷。上豎方管，旁安兩耳，頂插雙角。

頂上圓管插羽冠，下部方銎安裝木柄，管銎相通。上管圓、下銎方的造型和古人天圓地方的理念正合，暗寓著其貫通天地之功能。

還有發現於湖南寧鄉縣黃材鎮寧鄉炭河里的禾大人面紋方鼎，通高三十八公分，口長二九公分，寬二三公分。是唯一用真實人面作為裝飾的銅器。

禾大人面紋方鼎長方形體、兩直耳、四柱足。四角有較高的扉稜。整體顏色碧綠，器身外表四周飾形象相同的半浮雕的半人半獸的「超人」。

人面方圓，高顴骨，隆鼻，寬嘴，雙目圓視，雙眉下彎，雙耳捲曲。人面周圍有雲雷紋，人面的額部兩側有角，下巴兩側有爪，軀幹因器物平面表現的局限而隱去。

鼎腹內壁鑄「禾大」兩字銘文。此鼎器形雄偉，在裝飾上又以人面為飾，更為獨例。人面的形像極為奇異，給觀者一種望而生畏、冷豔怪誕的感覺，是一件匠心獨運的青銅器精品。

商、周青銅器以獸面紋作為主題紋飾較為常見，人面紋飾較為稀有珍貴，禾大人面方鼎以四個相同的人面紋裝飾器體的主要部位，更加奇特。有人認

為這組人面紋有爪而無身，屬於傳說中「有首無身」、貪吃人的凶獸饕餮一類怪神。

也有人認為，這種人面紋浮雕大概與「黃帝四面」的傳說有關，對應了古代文獻中黃帝有四面的描述；也有人說，鼎內空間正好可安放一個人頭，人面紋方鼎的四個「人面」，反映了古代「獵頭」和祭祀時使用首級的風俗。

總之，這個圖像既不能純粹歸入人，也不能完全歸為獸，姑稱之為「半人半獸」。半人半獸是中國史前圖騰中最普遍的祖神崇拜表現方式，凝聚的是敬祖情結。

中國古代傳說中的英雄或文化英雄、始祖無不在人的形象之外被加上神的力量與動物的器官，《山海經》一書就為我們留下了大量有關這些亦人亦神的始祖或英雄們的形象描述。

傳說中半人半獸的形象，是獸的形體與人的智慧的結合。因此，最原始的半人半獸可能是某種族群傳說中的祖先，也可能是某個部族的英雄，可以託名為真實的或傳說的「歷史人物」，也可能是凝聚了某種部族精神寄託的憑空創造出來的「文化英雄」。

人面方鼎表現的這個半人半獸，無疑是這個神系中的一位。人面方鼎鑄造的時代，已是有國家的文明時代，圖騰只是祖先留下的一個文化遺產或精神主宰而已，它到底見證、紀念了什麼？

從藝術形式上看，禾大人面方鼎運用反覆、對稱的裝飾手法，布局嚴密，寫實與抽象紋飾結合。四組相同的紋飾集於一身，不僅強化了裝飾主題，而且給人視覺上以強烈的衝擊，達到特定的裝飾效果，反映出商代晚期青銅器製作者已具備了較強的寫實能力和形象概括能力。

禾大人面紋方鼎雖然配置了角爪，但都是象徵性的，小到幾乎可以忽略的程度。人的形象也和真人一般，與青面獠牙、半人半獸的人面紋飾相比，不但不顯得可怕，還能給人以肅穆崇高的美感。

商代晚期的銘文有鮮明的時代特色，表示人體、動物、植物、器物的字，在字形上有較濃的象形意味。

以人體形象的文字為例，頭部常做粗圓點，腿部呈下跪形狀，這是一種美化手段，是鄭重的表示；絕大多數筆畫渾厚、首尾出鋒，轉折處多有波折。

字形的大小不統一，銘文布局也不齊整，豎畫雖然基本上成列，但橫畫卻不成排。

這些銘文反映了當時社會的家族形態、家族制度與宗教觀念等重要問題，但其中一些深刻的內涵仍是人們無法確知的。

殷代青銅器中也有少數有較長的銘文，但時間已到了殷代晚期。這些較長的銘文內容多涉及商朝晚期的重要事情、王室祭祀活動、王室與貴族關係等，其中銘文中一些字詞的含義，以及所反映的一些當時制度的狀況，仍然所知甚少。

商代晚期又發明了分鑄法，即將青銅器分成多個部件，分別製出內範與外範，在鑄主件時將鑄件嵌入泥範中鑄接合成。最適合製作體積較大、器形複雜的青銅器，如后母戊鼎。

后母戊鼎是商代後期王室祭祀用的青銅方鼎，是商朝青銅器中最重要的代表作。

后母戊鼎器型高大厚重，形制雄偉，氣勢宏大，紋飾華麗，工藝高超，又稱后母戊大方鼎，高一點三三公尺，口長一點一公尺，口寬〇點七八公尺，重八百三十二點八四公斤，四足中空。

后母戊鼎用陶範鑄造，鼎體包括空心鼎足渾鑄，其合金成分為：銅百分之八十四點七七，錫百分之十一點四四，鉛百分之二點七六，其他百分之〇點九。

鼎腹長方形，上豎兩只直耳，發現時僅剩一耳，另一耳為複製補上，下有四根圓柱形鼎足，是世界上發現的最大的青銅器。

后母戊鼎是商王武丁的兒子為祭祀母親而鑄造的，用陶範鑄造，鑄型由腹範、頂範、芯和底座以及澆口範組成；鼎腹的紋飾有可能使用了分範；鼎耳後鑄，附於鼎的口沿之上，耳的內側孔洞是固定鼎耳泥芯的部位。

也有人認為鼎耳先於鼎體鑄造，然後嵌入鑄型內和鼎體鑄接。

鼎身呈長方形，口沿很厚，輪廓方直，顯現出不可動搖的氣勢。后母戊鼎立耳、方腹、四足中空，除鼎身四面中央是無紋飾的長方形素面外，其餘各處皆有紋飾。在細密的雲雷紋之上，各部分主紋飾各具形態。

鼎身四面在方形素面周圍以饕餮作為主要紋飾，四面交接處，則飾以扉稜，扉稜之上為牛首，下為饕餮。鼎耳外廓有兩只猛虎，虎口相對，中含人頭。耳側以魚紋為飾。四只鼎足的紋飾也匠心獨具，在三道弦紋之上各施以獸面。

據考證，后母戊鼎應是商王室重器，是商代青銅文化頂峰時期的代表作。

后母戊鼎的提手文飾同樣精美。兩只龍虎張開巨口，含著一個人頭，後世演變成「二龍戲珠」的吉祥圖案。一般認為，這種藝術表現的是大自然和神的威懾力。也有人推測，那個人是主持占卜的貞人，他主動將頭伸入龍虎口中，目的是炫耀自己的膽量和法力，使民眾臣服於自己的各種命令。

這完全是可能的。當時的貞人出場時都牽著兩頭猛獸，在青銅器上和甲骨文中經常可以看到這樣的圖案。

后母戊鼎形腹部鑄有「后母戊」三個字，字體筆勢雄健，形體豐腴，筆畫的起止多顯鋒露芒，間用肥筆。鑄造這樣高大的銅器，所需金屬料當在一公噸以上，而且必須有較大的熔爐。

另外比較有代表性的還有河南安陽殷墟婦好墓的鴞樽，為一對兩隻，鑄於商代後期，通高○點四五九公尺，外形從整體上看，為一昂首挺胸的貓頭鷹。通體飾以紋飾，富麗精細。

喙、胸部紋飾為蟬紋；鴞頸兩側為夔紋；翅兩邊各飾以蛇紋；尾上部有一展翅欲飛的鴞鳥，整個樽是平面和立體的完美結合。樽口內側有銘文「婦好」兩字。

安徽阜南縣發現的商代龍虎樽，高○點五公尺，口徑○點四五公尺，重約二十公斤，是一件具有喇叭形口沿，寬折肩，深腹，圈足，體形較高大的盛酒器。

龍虎樽的肩部飾以三條蜿蜒向前的龍,龍頭突出肩外。腹部紋飾為一個虎頭兩個虎身,虎口之下有一人形,人頭銜於虎口之中。虎身下方以扉稜為界,飾兩夔龍相對組成的獸面。圈足上部有弦紋,並開有十字形鏤孔。

龍虎樽紋飾的主題是「虎口銜人」。關於這一主題,有人認為:在這裡,「人」應是那些奴隸,「虎口銜人」反映奴隸社會的殘酷、恐怖。

而另外有人認為這應該是在表現一種巫術主題,青銅器在當時是十分重要的禮器,這樣的紋飾應是巫師作法的情景紀實。張開的虎口在古代是分隔生死兩界的象徵,虎口下的人很可能就是巫師。

巫師在祭祀中透過老虎的幫助而表現出一種能夠通天地、感鬼神的能力。這一時期最大的方樽是四羊方樽,屬於禮器,祭祀用品,高〇點五八公尺,重近三十四公斤,發現於湖南寧鄉縣黃村月山鋪轉耳侖的山腰上。

四羊方樽器身方形,方口,大沿,頸飾口沿外侈,每邊邊長為〇點五二公尺,其邊長幾乎接近器身〇點五八公尺的高度。長頸,高圈足。頸部高聳,四邊上裝飾有蕉葉紋、三角夔紋和獸面紋。

樽的中部是器的重心所在。樽四角各塑一羊,肩部四角是四個卷角羊頭,羊頭與羊頸伸出器外,羊身與羊腿附著於樽腹部及圈足上。樽腹即為羊的前胸,羊腿則附於圈足上,承擔著樽體的重量。

羊的前胸及頸背部飾鱗紋,兩側飾有美麗的長冠鳳紋,圈足上是夔紋。

方樽肩飾高浮雕蛇身而有爪的龍紋,樽四面正中即兩羊比鄰處,各一雙角龍首探出器表,從方樽每邊右肩蜿蜒於前居的中間。全體飾有細雷紋。

四羊方樽的四角和四面中心線合範處均設計成長稜脊,其作用是以此來掩蓋合範時可能產生的對合不正的紋飾。據分析,四羊方樽是用兩次分鑄技術鑄造的,即先將羊角與龍頭單個鑄好,然後將其分別配置在外範內,再進行整體澆鑄。整個器物用塊範法澆鑄,一氣呵成,顯示了高超的鑄造水平。

四羊方樽集線雕、浮雕、圓雕於一器,把平面紋飾與立體雕塑融會貫通,把器皿和動物形狀結合起來,恰到好處,以異常高超的鑄造工藝製成。在商

代青銅方樽中，四羊方樽形體端莊典雅是無與倫比的。此樽造型簡潔、優美雄奇，寓動於靜。被稱為「臻於極致的青銅典範」。

還有一件羊父丁方鼎，鼎長方體，口沿外折，口上有雙立耳，直壁，深腹，平底，腹下有四柱足。口下、腹部的四角及足上均有凸稜，腹部中央飾勾連雷紋，左右及下方各飾三道乳釘紋，口下和足部飾獸面紋。器內壁上有銘文一行四字：「做父丁羊」。即「為父親丁做器」。「羊」為族名。羊成為青銅重器有獨特的象徵意義。

羊在祭祀禮儀中的地位僅次於牛，商代國都所在的河南安陽小屯發現大量祭祀坑，最多的就是牛、羊、犬，商王武丁時期有一關於商王室對武丁祭祀的材料中說：「卜用百犬、百羊」。

另一材料中說：「十五羊」「五十羊」，可見羊作為祭祀的犧牲用量很大。

羊外柔內剛也被引申出許多神聖的秉性，傳說的始祖皋陶敬羊，《詩經·召南》中也有「文王之政，廉直，德如羔羊」的說法，中國古代一種獨角怪獸獬豸也被認為與羊有關，能看出人是否有罪，能分辨是非曲直。因此，後世以獨角獸表示法律與公正。

小臣艅犀樽製作年代約在帝乙、帝辛時期。據考證，中國古代黃河及長江流域的氣候比較溫暖濕潤，當時廣泛分布著犀牛和其他生活於熱帶亞熱帶的大型生物。據小臣艅犀樽推測，殷商人見過犀牛，否則不可能造出如此寫實的作品。而且古生物的發現也證實了這一點，安陽殷墟、浙江河姆渡、廣西南寧、河南淅川下王崗等地的遺址中都曾發現過犀骨的存在。此外，商代甲骨文中所稱「兕」即為犀牛。至東周時代，長江流域仍生存著大量的犀牛。

小臣艅犀樽器高二十五公分，器口開於背部，蓋已失。整體造型為雙角犀牛形象，幾乎為圓球形，胖乎乎的，由四條粗壯的短腿支撐，憨態可掬；牠的頭部前伸，兩只圓睜的小眼，透著機敏與可愛；大嘴微張，就像是得意的微笑；兩隻誇張的大耳朵豎在頭的兩側，好像在好奇地傾聽著周圍的聲響。

小臣艅犀樽滾圓敦實、憨厚可愛的造型完全打破了人們以往對犀牛原本沉穩、威嚴的印象，讓人們駐足觀看的同時，也能夠感受到一絲滑稽和幽默。

　　周身光潔不施紋飾。體積感很強，表現出犀牛蹣跚行進的動態，顯得純樸稚拙，妙趣橫生。

　　犀牛自身軀體龐大笨重的感覺，與作為容器的實用功能要求自然和諧一致。表現出商代藝術工匠在觀察自然和提煉概括生活方面所達到的水準。

　　小臣艅犀樽有銘文四行二十七字：「丁巳，王省夒京，王錫小臣艅貝，隹王來征人方。隹王十祀又五？日。」銘文記述了商王征伐夷方的事情，有關這次戰爭也見於殷墟卜辭。

　　夷方是當時商朝封地外圍的許多方國部落中的一個。這些方國有的臣服於商王朝，有的則稱霸一方，同商王及其諸侯相對抗，雙方經常發生戰爭。銘文中還記載了商王賞賜小臣艅夒貝。小臣艅的職務為奴隸總管，能得到商王的賞賜而感到很榮耀，於是製作了此器用以作為紀念。在商的晚期和西周早期，青銅冶鑄業作為生產力發展的標誌而達到高峰。

【閱讀連結】

　　后母戊鼎是中國商周時期青銅器的代表作，中華人民共和國建立後，收藏於中國國家博物館，是國家一級文物。重八百三十二點八四公斤，是世界迄今出土最重的青銅器，享譽「鎮國之寶」。

　　此鼎初始被定名時，專家釋讀其上銘文為「司母戊」，然而隨著更多同時期青銅器被發現，目前專家多認為應當釋讀為「后母戊」。但由於中小學歷史課本的廣泛宣傳，目前司母戊鼎、司母戊大方鼎等名稱更為有名。

鑄鼎銘文 西周青銅器

西周是中國古代銅器發展的重要時期。在此期間，青銅冶鑄技術繼續發展，銅器數量有較大的增長，但種類有一個較明顯的淘汰和更新過程。西周時期有許多鑄工精湛、造型雄奇的重器傳世，且多有長篇銘文。

銘文是西周器的重要特徵。西周鑄銘多具繫年記事性質，成為編年分期研究西周銅器的重要依據。其內容又多可與古文獻相互印證，字體則直接構成古文字研究的依據，故西周銘文對於考古學、文字學和歷史學等都具有珍貴的價值。

▌武王伐紂鑄造利簋紀念

■西周生簋

西周銅器的早期是商代銅器的繼承發展期。此期雖有若干新的因素，但總體上商代銅器的傳統仍然極為強烈，很難在商周之際劃出清晰的界限，具體斷代只能分出商末周初式和西周早期式。

西周時代由於禮樂制度的發展，青銅器鑄造業比商代更為興旺發達，這時不但數量較商代更多，而且在青銅器鑄造業上的許多方面都達到了更高水平。從青銅器本身特點上看，西周初年多沿襲商代後期特徵。

可確定為西周早期各王世的重器很多。武王時代有利簋、天亡簋；成王時代有何樽、保卣、保樽、德方鼎、獻侯鼎、康侯鼎等；康王時代有盂鼎、宜侯矢簋、旅鼎、小臣速簋等；昭王時代有旂樽，旂觥、旂方彝、厚趠方鼎、矢令簋、令方彝、召樽、召卣、小臣宅簋等。

利簋通高二十八公分，口徑二十二公分，重七千九百五十克。侈口，鼓腹，雙獸耳垂珥，方座圈足，器形與天亡簋相似，為典型的西周早期風格。簋腹和方座飾有饕餮紋、夔紋，圈足飾有夔紋、雲雷紋。

腹內底部有銘文具有非常重要的史料價值，簋腹內底鑄銘文四行三十二字如下：

「武王征商，唯甲子朝，歲鼎，克昏夙有商，辛未，王在闌師，賜有事利金，用作檀公寶樽彝。」

譯文大意是：武王征伐商國，甲子日早上，歲祭，占卜，能克，傳聞各部軍隊，早上占有了朝歌，辛未那天，武王的軍隊在闌駐紮，賞賜右史利銅，用作檀公寶樽彝。

內壁銘文有明確記載：「武王征商」之役發生在某年「甲子」日的早晨，「歲」星正當中天；戰勝商朝八天後的辛未日，武王在闌地的軍隊駐地賞「有司」利以銅，利覺得很榮耀，就用銅來鑄造寶器以紀念這件事。

分析起來，從開戰後的第八天，就對有關人員進行獎勵，說明戰爭持續的時間不長。

透過對利簋周圍炭樣檢測，著名的「武王征商」戰役有了一個絕對年代：在公元前一〇四六年一月二十日。

牧野之戰，武王克商，是中國歷史上極其重要的歷史事件。然而，長時間以來，人們對這一事件的認識，憑藉的都是文獻資料，而沒有直接的實物見證。

先秦史書記載，商代末年，紂王荒淫無道，設酒池肉林，寵愛妲己，置炮烙之刑，挖比干之心，民不聊生，天下沸騰，社會動盪，諸侯離心。

周本是遠在西北的一個小國，但經過文王的精心治理，逐漸強大起來，周圍小國有的被征服，有的自願歸附。到武王即位時，商人的天下已有大半屬於周國了。

武王得到姜子牙、周公旦等名臣的輔佐，積極準備討伐商紂王。面對周武王的咄咄進逼和武力示威，紂王卻不做準備，反而調集主力對東夷大肆用兵，造成王畿空虛。

公元前一〇四六年一月初，武王率戎車三百輛，虎賁三百人，包括各廣土眾民、部落之師，合計四萬餘人，出兵征商，浩浩蕩蕩地殺向商都朝歌。

紂王以由罪隸和俘來的東夷人等，臨時拼湊成約七十萬人的大軍，迎戰周軍。兩軍在牧野相遇，武王的軍隊銳不可當，再加上東夷人陣前倒戈，紂王大敗，自焚而死。當晚，周軍進入朝歌城內，商王朝的統治就此結束。

據《尚書·牧誓》及《逸周書·世俘》記載，牧野之戰發生在甲子日清晨，正可與「利」青銅銘文語句「武王征商，唯甲子朝」互證。由此可知，《尚書·牧誓》及《逸周書·世俘》有關記載為實錄。

利簋為圓形兩耳方座，這是西周出現的新樣式，上面的銘文內容與中國古代文獻記載完全一致；做器者名「利」，他隨武王參加戰爭，勝利後受到獎賞，鑄造這件銅器以記功並用來祭奠祖先。利簋是能確知的最早的西周青銅器。

陝西發現的天亡簋，也是記述武王伐紂的西周初期著名青銅器，又稱「大豐簋」或「朕簋」，高二十四公分，口徑二十一公分，底徑十八公分。

天亡簋為侈口，四獸首耳，下垂方珥，鼓腹較深，圈足下連鑄方座。

這種四耳方座青銅簋，是西周初期獨有的樣式，簋身和方座裝飾兩兩相對的夔紋，夔體捲曲，狀如蝸牛，這種體態的夔紋也是周初特徵。

天亡簋內底有七十八字銘文，記述周武王滅商後在「天室」舉行祭祀大典，祭告其父周文王，並取代商王的地位來祭祀天上神帝。做器者天亡襄助武王舉行儀式，祭祀典禮之後，武王舉行盛大的宴享，天亡受賞賜，鑄造這件簋來銘記榮寵。

銘文字形參差錯雜，變動不居，在拙樸散亂中顯示運動與和諧之美，有輕有重的筆畫在某種程度上有自然書寫帶來的筆墨痕跡。其銘文用韻協調，開創了千古辭賦先河，也是中國韻文的最早表現形式。

其銘文如下：

「乙亥，王又大豐，王凡三方，王祀於天室，降，天亡又王。衣祀於王不顯考文王，事喜上帝，文王德才上。不顯王乍省，不肆王乍唐，不克，氣衣王祀！丁丑，王鄉，大宜，王降亡勛爵復鱶。佳朕又慶，每揚王休於樽白。」

　　還有河南浚縣辛村衛侯墓發現的康侯簋，也記述了武王伐商的歷史。該簋通高二十四公分，口徑四十一公分，侈口束頸，垡腹微鼓，高圈足加寬邊。獸首耳垂長方形小珥，翹鼻聳角。

　　器身紋飾，腹部為單一的直條紋，頸和圈足為火紋與四瓣目紋相間排列，頸部兩面中央又有突起的小獸首。

　　康侯簋器底有銘文二十四字，記述周王伐商後，命康侯建國於衛地，濬司徒為亡父製作此器。

　　西周時代禮樂制度得到很大發展，在陝西寶雞茹家莊和長安張家坡發現了三件一組的甬編鐘，是最早的編鐘。鐘懸掛使用，方便而實用，也造成音質更佳、音調更準確的作用。

　　這時還出現了組合酒器的酒座禁。如在陝西寶雞鬥雞台發現的夔紋禁，呈長方扁形，四周有鏤孔，禁面上有三個橢圓孔，可能是放置青銅卣用的。

　　周早期的鼎基本保持口沿立耳、淺腹、柱足的商代樣式，但方鼎的柱足已向細長發展，方座的雙耳或四耳簋為本期特有的形式。

　　這時青銅禮器的組合，有爵與觶、鼎與簋的配合。鼎制上開始出現列鼎制度，反映了禮治的加強。鼎在形制上，三足器柱足與蹄足並存。

　　而且，周初開始出現了一些大型的飲食器，如有名的重器大盂鼎重一百五十三點五公斤，氣度厚重，古樸典雅。

　　另外，還有在陝西淳化縣發現的淳化大鼎，通高一點二二公尺，口徑〇點八三公尺，重兩百二十六公斤，實屬罕見。此鼎除兩直耳外，腹部還鑄有三個半圓形耳，足鼎器造型的特例。

　　鼎身上的主體圖案，正是牛頭蜴身龍紋。這隻牛頭的兩側，卻分別長出大蜥蜴龍的身軀，有一肢體，分出四趾，渾身長滿鱗片，尾巴捲曲向上。

　　也許是為了更明確地昭示這是一隻牛頭蜴龍，在這一龍頭下面，還鑄造了一個完全寫實、明確無誤的牛頭。鼎的上口，還分別雕有四條鱷型原龍，其造型高大魁偉，紋飾莊嚴神奇，充分顯示了古人卓越的藝術造詣。

鼎也有在圓底下再置一盤的，盤是用來置炭加熱的，這種小巧玲瓏又實用的器物，是當時的新發明。

這一時期卣廣泛流行，成組相配的定式也比商晚期穩定。

獸面紋和夔紋仍是這時期紋飾的主要題材，但也出現了一些新的紋飾，如陝西涇陽高家堡發現的簋，腹及方座上飾有對稱的卷體夔紋。

凌源馬廠溝的燕侯盂腹上，有華美冠羽的獸頭鳥身紋飾，極富時代特徵，長尾高冠或長身尾的鳳鳥紋，常飾在器物的重要部位上，非常醒目，異常華麗。

還有凌源發現的鴨形樽，鴨腹上飾有斜方格網紋以表現羽毛的豐滿。

陝西長安發現的一件大鼎，器腹布滿勾連雷紋，很獨特。雙身龍紋和四川地區發現的一首兩身的牛紋，風格奇特。一些器上裝飾有高大的扉稜或平雕動物的某一部分翹出器表，如遼寧喀喇沁左翼蒙古族自治縣北洞村發現的蟠龍獸面紋罍，蓋上蟠龍之首，以昂首姿態翹出蓋表；北京房山琉璃河發現的伯矩鬲，蓋與器上的獸頭紋，獸角外翹，宏偉奇美。

紋飾仍尚繁縟，獸面紋、龍紋、不分尾的鳳鳥紋、乳釘紋都較商代有新的發展，附加裝飾的稜脊和立體的帶角獸首形裝飾很流行，也很發達。

從器形之間看，由於西周時期的青銅器製作方法同夏、商時期一樣，沒有太大的變化，都是陶範製作，而且一器一範，手工製作，這樣就不能鑄造出相同的陶範，所以，在西周時期也是沒有完全相同的青銅器造型。

至早期的中後段，鼎、樽、卣、方彝、簋等的器腹呈下垂鼓出的特徵，即所謂垂腹式。

其中卣有甘肅靈台白草坡發現的一對簡狀卣；觚有陝西扶風發現的旅父乙觚，薄而均勻，中腰極細，優美可愛。

另外腹耳平蓋鼎、高領鬲、四足盉、方形圓口有鋬樽、雙耳盤等，在形制上均有別於商後期的同種器物。

常見兵器基本保持商代傳統，但鉞已少見，戈多為短胡，並發展了渾鑄的戟。

短劍是本期出現並發展較快的器種，此外，還有刀、戈和矛渾鑄一體的複合異形兵器。銘文有了很大的發展，並成為區別商末周初銅器和周代早期銅器的重要標誌。

商代常見的以族徽制銘的傳統仍然保持，同時出現記史頌祖敬王的長篇銘文，具有明顯的周文化特徵，而且字體多作明顯的波磔體。

【閱讀連結】

西周前期青銅器與商後期沒有更多區別，但在某些方面也出現了新的特點。莊嚴厚重是這時的主要風格，銅器在數量上遠遠超過商代。

前期銅器形制莊重典美，花紋凝重靜謐，代表了中國青銅器鼎盛階段的發展水準。

而且銘文已出現上百字的篇幅，如成王時代的何樽一百二十二字、康王時代的大盂鼎兩百九十一字、小盂鼎近四百字等。

銘文書體沿襲商代後期，仍作典雅秀美的波磔體。銘文有祭祀、賞賜、策命、征伐等內容。

▌周成王建東都鑄造何樽

■西周青銅樽

武王興周滅紂之後僅在位三年，就因病去世了，留下一個危機四伏的大周朝給年僅十三歲兒子姬誦，就是周成王。

十三歲的小孩要想統治好偌大的國家，不是一件容易的事情，因此武王在臨終之前替成王安排了周公旦攝政，代行天子之事。

在周公東征的過程中，他們俘虜了大批的商朝貴族。但這些人很難處理，如果殺掉會顯得太殘忍，甚至傷害到仍占人口多數的商族人的感情，留著又恐怕他們再行叛亂。

同時，周朝的首都鎬京地處於西部邊陲，在當時的交通條件下，對東部的廣大中原地區有鞭長莫及之難。

周公旦是個極富智慧的人，他巧妙地把兩個困難變成了一個方便。他決定，在鎬京以東三百公里外的商朝舊都遺址，營建一座新的都城。因此地位於洛水之側，故而取名雒邑。

雒邑建成之後，周公便將商朝遺貴們遷到這裡，並派重兵監視。從此，大周朝有了兩座都城：西都是鎬京，又叫宗周；東都雒邑，又叫成周。

　　成周東都營建之後，周成王下令讓一名何姓貴族製作祭器樽來紀念，因此這件樽就被命名為「何樽」。何樽上的銘文記述了成王繼承武王遺志，營建東都成周之事，與《尚書·召誥》、《逸周書·度邑》等古代文獻相合，具有重要的史料價值。

　　何樽發現於陝西省寶雞市陳倉區賈村鎮，高三十八公分，口徑二十八公分，重十四點六公斤。

　　何樽口圓體方，通體有四道鏤空的大扉稜裝飾，頸部飾有蠶紋圖案，口沿下飾有蕉葉紋。整個樽體以雷紋為底，高浮雕處則為卷角饕餮紋，圈足處也飾有饕餮紋，工藝精美、造型雄奇。何樽是西周初期的一件珍貴青銅器藝術品。此器造型紋飾都有獨到之處，莊嚴厚重，美觀大方，主體感極強。

　　〈何樽銘〉是西周早期金文。中國有據可考殷商時期的文字是甲骨文，但甲骨文已採用「六書」的造字方法，是一種相當成熟的文字，並且從殷商開始便突然大量湧現，很顯然，在此之前應當還有一段相當長的文字萌芽和演變過程。

　　西周，是青銅器發展最興盛的時期。周人立國後，各方面都繼承了商代傳統，一方面對商文化進行大量的學習與吸收，同時，青銅器製作和銘文書法也隨著對禮制的進一步提倡而獲得極大的發展，不僅青銅器數量可觀，而且，一器之中的銘文一開始便出現長篇大作。

　　如成王時的〈令彝銘〉字數就達一百八十七字，同商代的「少字數」銘文相比，可謂洋洋大觀了。

　　令彝又稱矢乍父丁彝。做器者為矢令，因又稱矢令彝。發現於河南洛陽馬坡。彝為長方體，表面泛金，通高三十四公分，寬二十四公分，器口長十九公分，寬十七公分，重兩千四百克。

　　令彝蓋及器腹飾雙夔紋構成的大獸面紋，口沿下飾雙尾龍紋，方足座飾分尾小鳥紋。自蓋紐至足座四邊皆附鉤形扉稜。令彝上有銘文十四行，一百八十七字，蓋銘同而行款稍異。

銘文記述周公之子明保在成周舉行祭祀並受命尹「三事四方」。三事四方，指百官和在成周的亡商諸侯。明保可能是周公旦之孫名明者，保是其官職。有人則認為是伯禽或君陳。

西周早期金文就書風而言，大多承襲殷商餘緒，筆道首尾出鋒，結構謹嚴精到，布局參差錯落而富於動態美、韻律美。

不過，如果細分，大體可分為三類，一是質樸平實，以〈利簋銘〉為代表；二是雄奇恣放，如〈保卣銘〉、〈做冊大方鼎銘〉等；三是凝重詭異，如〈康侯簋銘〉等。

而這類銘文中風格最突出，書法成就最高者，當首推〈何樽銘〉了。〈何樽銘〉雖屬西周早期金文，但其書法體勢嚴謹，結字、章法都十分質樸平實，用筆方圓兼備、端嚴凝重，並且達到了十分精美的程度。

加之器形巨大，造型端莊堂皇、渾厚雄偉，故作品更呈現出一種磅礡氣勢和恢宏的格局，從而為世人所矚目。

周成王時期還有著名的太保鼎，通高五十七公分，口長三十五公分，二十二公分。方形，四柱足，口上鑄雙立耳，耳上浮雕雙獸。鼎腹部四面飾蕉葉紋與饕餮紋，四角飾扉稜，最為顯著的是柱足上裝飾的扉稜和柱足中部裝飾的圓盤，這在商周青銅器中是獨一無二的。

太保鼎腹內壁鑄「大保鑄」三字。大保，即太保，為官職名，西周始置，是監護與輔弼國君的重臣。

《尚書·君奭》記載：「召公為保，周公為師，相成王左右。」《史記·燕召公世家》記載：「召公奭與周同姓，姓姬氏，周武王之滅紂，封召公於北燕。」

據考證，此件太保鼎是西周成王時的重臣召公奭所鑄造的，而全國只有六件有「太保鑄」字樣的古代器物。

【閱讀連結】

　　陝西省寶雞市東北郊的賈村原是西周遺址，賈村鎮西街有一陳姓人家，他們的屋後有個約三公尺高的斷崖。陳家常年在崖底取土，上面未取土的地方便突出來一個約一立方公尺的大土塊。

　　公元一九六三年的一天，陳家老二恐怕這個土塊掉下來砸傷人，就搭起梯子，想用鋤頭把它挖掉。不料沒挖幾下土塊就掉了下來。出人意料的是，大土塊破碎後竟從裡邊滾出一件古銅器。除去鏽土後，表面露出了饕餮紋。陳家人清理乾淨泥土後，順手就把它放在樓上裝糧食用了。

　　兩年後，陳家把這件青銅器連同另一些廢銅混裝在麻袋裡，賣給了寶雞市一家廢品收購站。時隔一個月，寶雞市博物館的職工老佟來到這家廢品收購站，有位老職工告訴他，最近收了件古銅器，問他要不要，老佟一看，立刻雙眼放光，連聲說：「這不是周代的文物嗎？我們當然要！」當天，老佟就將這座寶物搬運回了寶雞市博物館，這件寶物就是西周何樽。

▌周康王鑄大盂鼎誡貪酒

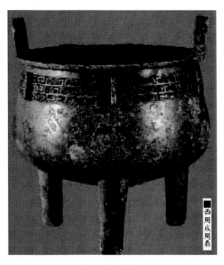

■西周成周鼎

西周早期常見的青銅禮器、食器有鼎、方鼎、鬲、甗、簋、簠；酒器有觚、爵、觶、角、觥、斝、盉、樽、卣方彝、罍、盃、壺；水器有盤、匜等。

西周早期食器中鬲、豆不多見，而爵、觚等各種酒器雖然品種很齊全，但數量較商代大大減少了，這與西周王朝吸收了商紂「酒池肉林」瘋狂酗酒，最後導致亡國的教訓有關，因而西周王朝禁止貴族飲酒，《尚書·酒誥》和康王時代的大盂鼎銘文都有這方面的記載。

大盂鼎高一公尺，口徑〇點七八公尺，重一五三點三公斤，鼎身為立耳、圓腹、三柱足、腹下略鼓，口沿下飾以饕餮紋帶，三足上飾以獸面紋，並飾以扉稜，下加兩道弦紋，使整個造型顯得雄偉凝重，威儀萬端。

腹內壁有銘文十九行，共兩百九十一字，內容為周王告誡南公的孫子盂，殷商因酗酒而亡國，周代要禁酒圖興，要盂一定要很好地輔助他，敬承文王武王的德政；同時記載了康王給盂的賞賜。

銘文的內容大致可分為三段：

第一部分用較多文字說明商人縱酒是周興起和商滅亡的原因，讚揚了周代文武二王的盛德。表示康王自己要以文王為典範，告誡盂也要以祖父南公做榜樣。

第二部分主要是康王命盂幫助他掌管軍事和統治人民，並且賞賜給盂香酒、禮服、車馬、儀仗和奴隸一千七百二十六個，並叮囑盂要恭敬辦政，莫違王命。

第三部分說明盂做此寶鼎以祭祀其祖父南公。

銘文內容翻譯成現代文為：

「九月康王在宗周冊命盂。」

康王這樣說：「偉大英明的文王承受了上天佑助的重大使命。到了武王，繼承文王建立了周國。剷除了奸惡，普遍地保有了四方土地，長久地治理著百姓。辦事的人在舉行飲酒禮的儀式上，沒人敢喝醉，在舉行柴、烝一類的

祭祀上也不敢醉酒。所以天帝以慈愛之心給以庇護，大力保佑先王，廣有天下。」

「我聽說殷朝喪失了上天所賜予的大命，是因為殷朝從遠方諸侯到朝廷內的大小官員，都經常酗酒，所以喪失了天下。你年幼時就繼承了先輩的顯要職位，我要你進入官設的小學就讀，你不能背離我，而要輔佐我。現在我要傚法文王的政令和德行，猶如文王一樣任命兩三個執政大臣來任命你，你要恭敬地協調綱紀，勤勉地早晚入諫，進行祭祀，奔走於王事，敬畏上天的威嚴。」

康王說：「命你盂，一定要傚法你的先祖南公。」

康王說：「盂，你要輔助我主管軍隊，勤勉而及時地處理賞罰獄訟案件，從早到晚都應輔佐我治理四方，協助我遵行先王的制度治民治疆土。賞賜給你一卣香酒、頭巾、蔽膝、木底鞋、車、馬；賜給你先祖南公的旗幟，用以巡狩，賜給你邦國的官員四名，大眾自馭手至庶人六百五十九人；賜給你異族的王臣十三名，夷眾一千〇五十人，要儘量讓這些人在他們所耕作的土地上努力勞動。」

康王說：「盂，你要恭謹地對待你的職事，不得違抗我的命令。」

盂頌揚康王的美德，製作了紀念先祖南公的寶鼎，時為康王在位第二十三年。

銘文中語句「丕顯文王受天有大命」體現了周人的天命觀，而另一語句「我聞殷墜命，唯殷邊侯、甸與殷正百辟，率肆於酒，故喪師矣」，則是周康王告誡盂，商內、外臣僚沉湎於酒，以至於亡國，透露出周人對於商人嗜酒誤國這一前車之鑒的警示。

銘文中「有」、「厥」、「又」等字波磔分明，得於用筆過程中自覺的提、按意識。通篇文字布局規整，書風凝重。

大盂鼎銘文書法體勢嚴謹，字形、布局都十分質樸平實，用筆方圓兼備，具有端嚴凝重的藝術效果。開《張遷碑》、《龍門造像》之先河。以書法成就而言，大盂鼎在成康時代當居首位，是西周早期金文書法的代表作。

盂鑄造的青銅鼎有大、小兩件，分別被稱為大盂鼎和小盂鼎。小盂鼎已失，只留下銘文拓片，大盂鼎堪稱西周前期著名重器。

【閱讀連結】

清朝道光時期，岐山首富宋金鑒把大盂鼎買下，因為器形巨大，十分引人矚目，鼎很快被岐山縣令周庚盛占有，他把鼎轉賣到北京的古董商人。

宋金鑒在考中翰林後出價三千兩白銀又購得了寶鼎，在他去世後，後代以七百兩白銀賣給陝甘總督左宗棠的幕僚袁保恆，袁深知左宗棠酷愛文玩，得寶鼎後不敢專美，旋即將大盂鼎獻給上司以表孝心。

左宗棠被永州總兵樊燮讒言所傷，遭朝廷議罪。幸得時任侍讀學士的潘祖蔭援手，上奏咸豐皇帝力保宗棠；而且多方打點，上下疏通，左宗棠才獲脫免。潘祖蔭乃當時著名的金石收藏大家，左宗棠得大盂鼎後遂以相贈，以謝當年搭救之恩。此後，大盂鼎一直為潘氏所珍藏。

潘家後人見政府極為重視對文物的保護，認為只有這樣的政府才可託付先人的珍藏。全家商議後，由潘祖蔭的孫媳潘達於執筆，於公元一九五一年七月六日寫信給華東文化部，希望將大盂鼎和大克鼎捐獻給國家。

▌中期青銅器除舊更新

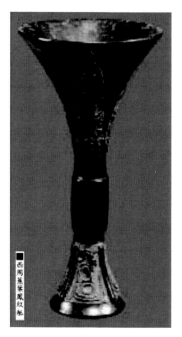

■西周蕉葉鳳紋觚

西周中期的周穆王及恭、懿、孝、夷之際，主要的青銅重器有長由盉、遹簋、豐樽、豐卣、刺鼎、班簋、靜簋、裘衛諸器、牆盤、師遽簋、師遽方彝、永盂、曶鼎、效卣、師晨簋、克鼎器群、師兌簋、盠方彝、諫簋等。

西周中期的銅器種類有較明顯的淘汰和更新趨勢，酒器的觚、爵、角、斝、觶、觥等趨於減少和退化，同時出現了自銘「飲壺」的新型飲酒器，食器有很大的發展。

同時，列鼎制度最遲在本期形成。鼎的形制出現蹄形足，鼎腹發展成扁長方形的變化趨勢，簋的發展也很快，不僅在制度上與列鼎相配，而且形制也出現斂口有蓋，圈足下承三短足的新型式。簠、匜等新器種開始出現。編鐘也在此期普遍形成。

另外，西周中期青銅器的花紋趨於簡樸，早期流行的花紋或已淘汰，或變形簡化。常見的花紋有獸面紋、花冠顧首龍紋、分尾的鳥紋及新出現的直條紋、波曲紋和鱗帶紋等。

銘文記事性質更強，篇目更長，內容也多格式化，早期族徽銘文已罕見，或有也已與記事銘文相配。字體多古樸、端莊，平齊無波磔。

西周豐樽發現於陝西省扶風縣莊白村西周青銅器窖藏，通高十六公分，口徑十六公分，腹深十四公分，重一千七百克。該樽器身低矮，侈口，束頸，垂腹，其最大徑已接近腹底，圈足外侈，顯得豐滿而沉穩。

豐樽除圈足光素外，通體以三種不同姿態的鳳鳥紋構成兩紋飾相同的口部、頸部及腹部三層紋飾。口緣外壁飾四瓣仰葉狀對鳥紋，兩鳥相對而立，尾部向上曲垂於鳥首之前。

豐樽頸部以兩組帶狀垂冠分尾鳳鳥紋裝飾，兩隻鳳鳥為一單位，兩小組間以浮雕獸面為中心，鳥首相對，構成一組；垂鼓的腹部以四雙兩兩相對的垂冠分尾鳳鳥構成，鳥的羽冠垂至胸前，翎尾翻捲於身後，十分富麗典雅，為全器最主要的紋飾。紋飾帶內的空白處均以細密的雲雷紋襯地。

豐樽的器表打磨光整，但是在器口緣外壁的蕉葉對鳥紋中間、頸部浮雕獸面下方、腹部四塊鳳鳥紋飾相接處可見鑄造時留下的範痕，所以全器是以四塊相等的外範分型，四塊外範之外還有腹芯及圈足芯。

豐樽底部可見到劃在圈足芯上的方格紋，底部邊緣有四個小三角狀凸起，將底部邊緣分為四等份，每一凸起與每外範中心位置相對。據傳是為了防止在腹底與圈足拉接處因鑄造應力產生裂紋，而設置的四個三角形加強筋。該器內底部多細小的氣泡。

豐樽器內底鑄有銘文五行三十一字，其中重文兩字。

班簋為周穆王時毛班所做，毛班為毛伯的孫子，因此也稱毛伯彝。通高二十七公分，口徑二十六公分。四耳飾獸首，下垂長珥作為支柱，其後又另有小珥。口沿下飾囧紋，夾有兩道弦紋。腹飾陽線構成的獸面紋。低圈足，無紋飾。

師遽方彝為西周恭王時期的青銅器。高十六公分，口沿縱長七點六公分，橫長九點八公分，底部縱長七點五公分，橫長九點六公分，重一千六百二十克。

師遽方彝的蓋如屋頂，整體做長方形，橫長於縱，口沿下及圈足都略有收縮，腹部略鼓，兩側有耳，做高舉的象鼻形，造型極為奇特。器內有中壁，分隔或為兩室，可置兩種不同的酒。蓋的一側沿有兩個方形缺口，與器的兩室相應，本當有斗可挹酒，但可惜已遺失。

師遽方彝的蓋面及器腹部飾變形獸面紋，是此類紋飾的最後蛻變形式。獸面紋除了尚可辨認的雙目外，其餘部分已變形，成為非常簡單而草率的線條。

師遽方彝的器身和蓋內都鑄有相同的銘文，器六行、蓋八行各鑄六七字。大意記載周王在王宮中舉行酒宴，師遽向王奉獻禮品，王命令宰利賜給師遽玉圭等物品，師遽因以做器，以答謝天子的賞賜。

在陝西扶風縣法門鎮任村發現的大克鼎，為周孝王時期鑄器，又名克鼎和膳夫克鼎，通高〇點九三公尺，口徑〇點七五公尺，重兩百〇十五克。

與大克鼎同時發現的還有小鼎七件、盨二件、鐘六件、鎛一件，都是膳夫克所做之器。因此稱此鼎為大克鼎，小鼎為小克鼎，為西周孝王時名叫克的大貴族為祭祀祖父而鑄造。

大克鼎造型宏偉古樸，鼎口之上豎立雙耳，底部三足已開始向西周晚期的獸蹄形演化，顯得沉穩堅實。紋飾是三組對稱的變體夔紋和寬闊的竊曲紋，線條雄渾流暢。由於竊曲紋如同浪峰波谷環繞器身，因此又叫波曲紋。

大克鼎腹內壁上銘文共二十八行兩百九十字，為西周大篆的典範之作。內容分為兩段：

第一段是克對祖父師華父的頌揚與懷念，讚美他有謙虛的品格、美好的德行，能輔協王室，仁愛萬民，管理國家。英明的周天子銘記著師華父的偉績，提拔他的孫子克擔任王室的重要職務膳夫，負責傳達周天子的命令。

第二段是冊命辭，周天子重申對克官職的任命，還賞賜給克許多禮服、田地、男女奴隸、下層官吏和樂隊，克跪拜叩首，愉快地接受了任命和賞賜，乃鑄造大鼎歌頌天子的美德，祭祀祖父的在天之靈。

青銅盠方彝是西周中期的盛酒器，發現於陝西省眉縣。盠方彝為長方形、圈足、頂式器蓋，象鼻雙耳，內鑄銘文一百〇六字。

盠方彝身鑄滿文飾，以夔龍紋為主題文飾，對稱裝飾，中間有圓形渦紋，器身角面以三層文飾裝飾，上下兩層為夔龍紋兩個一組裝飾，中間層與蓋主紋相同。蓋為四坡頂，鑄有扉稜為脊。整器莊重規範、工藝精湛。

彝是青銅禮器的一種統稱，金文中通常有「做寶樽彝」的字樣。彝又是一種青銅酒器的專名，盠方彝是根據其銘文和形體而定名的。

西周時期青銅器銘文是研究西周社會政治、經濟、軍事、書法的重要實物資料，記載的內容主要有祭祀、戰事盟約等。盠方彝銘文記載的是周穆王時期冊命攝可六師、殷八師有關軍事方面的內容。

盠方彝的裝飾採用浮雕技法，雕鑄出粗獷豪放的文飾，裝飾主次關係明確，層次十分清晰，達到了極好的藝術效果，其精美而又帶有神祕色彩的文飾，渾厚莊重的器身以及銘文，透過雕鑄將他們系統地融合到一起，再現了西周青銅器鑄造業的輝煌。

諫簋是臣子向君王提出建議請求或得到封賞後，為了紀念而製作的青銅器。

例如這件西周中期諫簋高二十一公分，寬二十九公分，重五千兩百八十克。圓形，斂口，鼓腹，圈足下有三小足，腹部兩側獸耳下垂小珥。隆蓋，頂有圓形捉手。蓋頂和器腹飾瓦紋，頸部與蓋沿飾竊曲紋，圈足飾三角雲紋。蓋器對銘，器銘文九行一百〇二字，蓋十行一百〇一字：

「唯五年三月初吉庚寅，王在周師錄宮。旦，王格大室，即位。馬共佑諫入門，立中廷。王呼內史先冊命諫曰：『先王既命汝王宥，汝諆不有聞，毋敢不善。今余唯或命汝。賜汝攸勒。』諫拜，稽首。敢對揚天子丕顯休，用作朕文考惠伯樽簋。諫其萬年子子孫孫永寶用。」

諫簋銘文大意：在五年三月第一個吉日庚寅那一天，王在周地的師錄宮。天剛亮，王到大廳，坐定位子。司馬共帶領做器者諫進入廟門，站立於庭院中間。王召呼史官內史先冊命諫，說：「我的先輩周王既然已經任命你兼管王的宴樂之事，你不能思慮有所不周，不能不善待其事。現在我繼續任命你管理原來的事情。賞賜給你一套馬籠頭。」諫拜，叩頭。為答謝和宣揚天子偉大顯赫的美意，諫因此做了祭奠其死去的父親惠伯的簋。諫的後代子孫萬年永寶用這件簋。

這篇銘文說明，在西周時代的官職任用制度中規定，即或是不增減任命，只是重申前王的任命，也需舉行一次冊命典禮。

陝西扶風莊白家村發現的西周中期史牆盤，屬於微氏家族盥洗器具，通高十六公分，口徑四十七公分，深八點六公分，是西周微氏家族中一位名叫牆的人，為紀念其先祖而做的銅盤，因做器者牆為史官而得此名。

此盤造型規整，紋飾精美，敞口，淺腹，圈足，腹外附雙耳；腹部飾鳳鳥紋，圈足部飾兩端上下捲曲的雲紋，全器紋飾以雲雷紋襯地，顯得清麗流暢。

盤內底部刻有十八行銘文，共兩百八十四字，首先追述了列王的事跡，歷數周 代文、武、成、康、昭、穆各王，並敘當世天子的文功武德。

接著敘述自己祖先的功德，從高祖甲微、烈祖、乙祖、亞祖祖辛、文考乙公到史牆。頌揚祖先功德，祈求先祖庇佑，是典型的追孝式銘文。人們從微氏家族的發展史中，可看出周王朝對殷商遺民採取的政策。

盤銘也是一篇很漂亮的書法作品，其文體愛用簡明整齊的四字句式，這是已知時代最早的帶有較明顯駢文風格的銘文作品。

【閱讀連結】

班簋何時何地出土無考，為清宮舊藏，八國聯軍占領北京時散出。

公元一九七二年六月間，在北京市物資回收公司有色金屬供應站的廢銅堆裡揀選到一件古器殘件，經北京市文物管理處組織專家鑒定，確定為「班

簠」。郭沫若先生得知後甚喜，曾著〈「班簋」的再發現〉一文進行論述，一時轟動了文博界、學術界。

隨後將班簋殘件送故宮博物院文物修復廠。原廠長蔡瑞芬將任務交給了趙振茂先生。當時原器四足已全部折毀，器身毀去過半，底部變形，但口部、腹部、器耳、花紋還有部分殘存，特別是腹內銘文，基本上保存下來了。

幸好班簋的銅質好，有韌性，不至於斷裂。趙振茂主持並親自修復。大致經過整形、翻模補配、修補對接紋飾等六道程式。首先用鈑金法等對器物整形，然後利用原器殘件翻模鑄造所缺的三個耳及珥；察對紋飾，去錯補缺，並使所補部分與原器花紋渾然一體。接下來採用跳焊法將補塊焊到原器上。因底部銘文處出現孔洞而不全，孔洞要用錫補平，並根據《西清古鑒》簋銘拓片，描上字樣，再用鋼鏨雕刻。

修復後的班簋古樸、凝重、典雅的造型與斑斕鏽色相映，令人讚嘆不已，現藏於首都博物館。

▌繼承發展的晚期青銅器

西周晚期的重器，屬王時期有簋、鐘、鄭季、簠、攸從鼎、散氏盤、禹鼎、鄂侯馭方鼎、敔簋等，宣王時期有頌鼎、兮甲盤、虢季子白盤、毛公鼎、南宮平鐘等。

西周晚期的銅禮器，延續了中期形制和紋飾簡樸化的變化，淘汰了中期保留的早期因素。常見器種有鼎、簋、鬲、簠、壺、樽、盤、匜等，品種明顯減少。鼎除沿用中期的垂腹鼎外，還有圓底鼎，都是獸蹄足。

西周晚期紋飾僅流行波曲紋、重環紋、鱗紋和直線紋，絕少見繁縟的動物紋，即如簋一類的王室重器也是直線紋。

而此時的青銅器銘文多為長篇，已知最長的銅器銘文如毛公鼎四百九十七字，流於形式的為祖考做器的銘記也很流行。字體筆道圓潤，講究書法之美，但疏放草率的字體也多有發現。

周厲王名姬胡，是西周的第十代君王，他統治期間，繁盛一時的西周王朝已逐步走上衰敗的道路。當時周王朝北方邊患不斷，日益強盛的獫狁民族經常向南侵襲，成為周王朝的嚴重威脅。

早在周夷王時，雙方就曾在距豐鎬二京不遠的洛河北岸進行過一場激戰，「震動京師」；而周厲王之後的周宣王時，北方獫狁也曾「侵鎬及方，至於涇陽」，直逼豐鎬二京，大臣方仲和尹吉甫率軍出擊。

周厲王時期的多友鼎，銘文就記載了某年十月，獫狁即匈奴，侵犯京師，周王命武公派遣多友率兵抵禦。多友在十多天內，共打四仗，都取得了勝利，並救回了被俘虜的周人。

武公將戰績報告給周王，周王賞賜給多友包括青銅在內的若干財物。為了感謝周王，也為了紀念這次勝利，多友鑄造這件圓鼎以記其事。

銘文中一共八次提到了「多友」，青銅鼎也因此被命名為「多友鼎」。

多友奉王命抵禦的這次「侵犯京師」的戰役，與前述兩次「欲犯京師」的戰役相比，雖然規模略小，卻更直接地關係到周王朝的存亡危機。

然而這次捍衛京師的重要戰役卻未見記載。但一件珍貴的多友鼎的銘文內容無疑成為了這次戰役重要的歷史見證。

多友鼎發現於陝西長安縣下泉村，通高〇點五一公尺，口徑〇點五公尺。立耳，圜底，腹微斂，蹄形足。口下飾弦紋兩道。

器表光素無紋，造型十分普通，但它腹內所鑄的兩百七十九字銘文，卻記錄了那場鮮為人知的戰爭。

這篇銘文以紀實的手法記述了這次戰役的時間、作戰的方式、戰爭的規模及戰爭的結果，更為重要的是這次繳獲獫狁一百二十七輛戰車的記載，對瞭解獫狁的戰鬥實力提供了一份全新的資料。

晉侯蘇「編鐘」也做於西周厲王時期。編鐘為成組的青銅樂器。該組編鐘大小不一，大的高〇點五二公尺，小的高〇點二二公尺，都是甬鐘。

　　鐘上都刻有規整的文字，共刻銘文三百五十五字，最後兩鐘為兩行十一字。銘文都是用利器刻鑿，刀痕非常明顯。銘文可以連綴起來，完整地記載了公元前八四六年一月八日，晉侯蘇受命伐夙夷的全過程。

　　散氏盤鑄制年代約在西周厲王時期，因銘文中有「散氏」字樣而得名。有人認為做器者為夨，故又稱作夨人盤。

　　散國約位於陝西寶雞鳳翔一帶，西北方與夨國為鄰。夨國憑藉武力多次入侵散國，掠奪財產和土地。散國就到周厲王面前告狀，希望借助周天子的威望解決兩國間的糾紛。

　　在周厲王的調解下，夨國退還了土地，雙方的官員劃定了田界，舉行了盟誓。盤上銘文記載的就是散國的誓約，過程與合約均鑄在盤上作為證明。

　　散氏盤為帶高圈足的大耳圓盤，高〇點二公尺，口徑〇點五公尺。腹飾夔紋，圈足飾獸面紋。內底鑄有銘文十九行，三五七字。散氏盤的造型、紋飾均呈現西周晚期青銅器簡約端正的風格，而它最吸引人的還是銘文。

　　散氏盤銘文書法渾樸雄偉，字體用筆豪放質樸，敦厚圓潤，結字寄奇雋於純正，壯美多姿。它不同於大盂鼎、毛公鼎一類西周青銅器銘文的結字並取縱式，結字偏長，而是取橫式，結字方整。它不但有金文之凝重，也有草書之流暢，開「草篆」之端，在碑學體系中，占有重要的位置。

　　散氏盤銘文的最大審美特徵在於一個「拙」字，拙樸、拙實、拙厚、拙勁，線條的厚實與短鋒形態，表現出一種斑駁、渾然天成的美。

　　然而，散氏盤銘文的字形構架並非是固定不變、呆板生硬的。它的活氣躍然紙上，但卻自然渾成。特別是在經過鑄冶、捶拓之後，許多長短線條之間，不再呈現對稱、均勻、排比的規則，卻展現出種種不規則的趣味來。

　　圓筆鈍筆交叉使用，但圓而不弱，鈍而不滯，是散氏盤銘文在技巧上的著重點。在體勢上，字形結構避讓有趣而不失於輕佻，多變但又不忸怩造作，珠璣羅列，錦繡橫陳，在極粗質中見做工精到，這是散氏盤銘文的魅力所在。

　　散氏盤銘文的字與字間隱約可見陽文直線界欄，是典型西周晚期銘文的風格。

　　銘文大意是說：矢國侵略散國，後來議和。和議之時，矢國派出官員十五人來交割田地及田器，散國則派官員十人來接收，於是雙方聚集一堂，協議訂約，並由矢國官員對散人起誓，守約不爽。矢人將交於散人的田地繪製成圖，在周王派來的史正仲農監交下，成為矢、散兩國的正式券約。

　　青銅盤原為盛水的器皿，但散氏盤在鐫鑄契約長銘後，已然成為家國宗邦的重器。

　　還有商周最大的一件青銅簋，由周厲王麩做器，其器型為方底座，圓形腹，高圈足，鳳鳥形雙附耳。器底座上飾豎條瓦楞紋，腹上部和圈足各飾一圈鉤雲紋，腹中部飾豎條狀瓦楞文。通體高○點五九公尺，口徑○點四三公尺，腹深○點二三公尺，重六十公斤。

　　麩簋器形雄偉厚重，拙樸典雅，係周厲王為祭祀先祖而鑄，形體高大魁偉，可稱簋中之王，內底鑄銘文一百二十四字，註明該器製作於厲王十二年（公元前八八八年）。它不僅是一件藝術瑰寶，而且為西周青銅器斷代增添了一件標準器。

　　毛公鼎制於西周宣王時期，因鼎腹內鑄有三十二行關於冊命毛公瘖的銘文，毛公瘖為了報答天子的煌煌美德，鑄造了這個寶鼎，子子孫孫永遠寶用，故名「毛公鼎」。

　　毛公鼎相當完整，高○點五三公尺，口徑○點四七公尺，重三十四點七公斤。鼎口呈仰天勢，半球狀深腹，垂地三足皆做獸蹄，口沿豎立一對壯碩的鼎耳。

　　毛公鼎整個造型渾厚而凝重，飾紋也十分簡潔有力、古雅樸素，標誌著西周晚期青銅器已經從濃重的神祕色彩轉變為熱切地想振興朝政。乃請叔父毛公為其治理國家內外的大小政務，並飭勤公無私，最後頒贈命服厚賜，毛公因而鑄鼎傳示子孫永寶。毛公鼎全銘文辭精妙而完整，古奧艱深，是西周散文的代表作。

　　虢季子白盤也鑄於周宣王時期，與散氏盤、毛公鼎並稱西周三大青銅重器。此盤造型奇偉，高〇點三九公尺，上口呈長方形，口長一點三七公尺，腹下斂，平底，曲尺形四足。四壁各有含環獸首兩個，腹上部為竊曲紋，下部為環帶紋，是西周晚期的藝術精品。從其他青銅器跳脫出來，淡化了宗教意識而增強了生活氣息。

　　毛公鼎的高度和重量與其他殷商時期的巨大青銅器可說是天差地遠，然而，毛公鼎上刻的銘文卻是銘文青銅器中最多的，有三十二行，四百九十九字。

　　毛公鼎銘文的內容可分成七段，是說：周宣王即位之初，虢季子白盤形制奇特，似一大浴缸，為圓角長方形，四曲尺形足，口大底小，略呈放射形，使器物消除了粗笨感。四壁各有兩只啣環獸首耳，口沿飾一圈竊曲紋，下為波帶紋。

　　盤內底部有銘文一百一十一字，講述虢國的子白奉命出戰，榮立戰功，周王為其設宴慶功，並賜弓馬之物，虢季子白因而做盤以為紀念。銘文語言洗練，字體端莊，是金文中的書家法本。

　　虢季子白盤銘文的大意是：在十二年正月初吉期間的丁亥日，虢季子白製作了寶盤。顯赫的子白，在軍事行動中勇武有為，經營著天下四方。

　　進擊征伐玁狁，到達洛水之北。斬了五百個敵人的首級，抓獲俘虜五十人，成為全軍的先驅。威武的子白，割下敵人左耳獻給了王，王非常讚賞子白的威儀。王來到成周太廟的宣榭，大宴群臣。

　　王說：「白父，你的功勞顯赫，無比榮耀。」

　　王賜給子白配有四匹馬的戰車，以此來輔佐君王。賜給朱紅色的弓箭，顏色非常鮮明。賜給大鉞，用來征伐蠻夷。子子孫孫萬年使用。

　　西周後期，在青銅器的製作工藝中又發明了印模製範。即先製成牢固結實的模具，用模具可以省時省力地翻印出許多相同的範，尤其是花紋範，更需要印模製範。但也因為方便而缺乏創新。

　　之後，又發明了兩次或多次鑄造方法，即先鑄器物的耳、足、鋬等部件，在鑄造器體時將鑄好的耳、足、鋬等嵌於器體的外範相應的部位。這種先分鑄後合鑄的工藝既快又好，適宜鑄造大件青銅器。

　　西周青銅器具有更多的本時代特點，趨向簡樸、長銘。酒器爵、角、斝、觚、觶、方彝等基本消逝了，壺、罍、盂、樽、鳥獸樽仍繼續保留。

　　盛食器的簠、盨和水肉器匜是新出現的器種，造型大方而實用。匜、盤足一套盥器，相需為用，發現常一起出土。《禮記·內則》記載：「進盥，少者奉盤，長者奉水，請沃盥，盥卒，授巾。」貴族豪華生活可見一斑。

　　青銅鐘由先前三件為一組發展到大小八件為一組。這一時期的列鼎制度尤其盛行。簋也常常成二、四、六、八雙數出現，與鼎相配。

　　器型上鼎、甗多做蹄形足，毛公鼎可作為典型代表。鼎與盤的有流口，盤有的有腹耳。簋的圈足下常有三足。鬲多做折沿，弧襠，出現了帶有火灶的一種特殊形制的鬲，在方鬲灶門外還鑄一受刖刑的俑人浮雕。壺一般有套環雙獸耳。戈援前鋒多呈三角形。

　　西周後期還出現了有時代藝術風格的紋飾，如環帶紋、竊曲紋、鱗紋、重環紋、瓦紋。但也有許多素面或器身僅有幾道弦紋的器物。

　　由於製器者多注重銘文，因而新出現的紋飾不免有粗獷潦草之感。獸面紋一般已不再作為主題裝飾了，而常做器足上端的裝飾。鳥紋則繼續流行。

　　西周後期青銅器製作樸素，銘文書體嫻熟奔放，其內容更是極為珍貴的史料。銘文書體排列均勻整齊，字體嚴謹，書法嫻熟，豎筆呈上下等粗的柱狀，被稱為「玉柱體」。

　　大克鼎還採用在方格內填字的方法。虢季子白盤銘文讀起來朗朗上口，書體圓轉秀美，具有小篆的韻味。

　　比如在陝西省眉縣楊家村發現的逨盤，被譽為「中國第一盤」，逨盤通高二十公分，口徑五十三公分，圈足直徑四十一公分，腹深十公分，獸足高四公分。

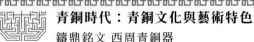

　　盤為盛水器，一般與匜配套使用。為方唇，折沿、淺腹、附耳、鋪首，圈足下附四獸足。腹及圈足裝飾竊曲紋，輔首為獸啣環。

　　逨盤內底鑄銘文二十一行，約三百六十字，記載了單氏家族八代人輔佐西周自周文王至周宣王十二位王征戰、理政、管治林澤的歷史。對西周王室變遷及年代世系有著明確的記載，可印證史書的記述，對夏、西周斷代工程所擬的西周宣王年表做出了檢驗。

　　逨盤造型與紋飾優美，長篇銘文氣勢恢宏，鑄造工藝精湛，的確是中國古代青銅藝術的經典之作。

　　顯然，這篇銘文的內容主要是逨誇耀自己的家族史、並紀念周王的冊命賞賜，其中不乏西周中晚期金文中公文式的套話。但彌足珍貴的是，在稱頌列祖列宗的同時，也基本歷數了西周諸王，並道出了西周史的大致輪廓。

【閱讀連結】

　　史料記載鄭桓公名友，或稱多父，或稱桓友，是周厲王少子、周宣王的異母弟。

　　對他的真實身分眾說紛紜，雖然西周時期對人們鑄造青銅器的條件並沒有明確的限制，但就當時而言，銅是極其珍貴的，鑄造較大的一件銅器尋常百姓難以負擔，而且按照西周的規定，只有具備了一定的等級才能得到豐厚的賞賜。

　　從鼎的銘文中可以得知，如果不是宣王的弟弟，沒有爵位和官銜的普通人不可能受到如此厚重的賞賜，因此推測，多友鼎的鑄造主人是鄭桓公。

鼎食鐘鳴 春秋戰國青銅器

　　西周青銅器後，春秋戰國時期是中國古代青銅器發展的又一個高潮。可分為春秋早期、春秋中晚期至戰國早期、戰國中晚期三個階段。

　　春秋戰國時期青銅器的主要特點是：列國器物大量出現；地域風格的形成；各地區之間逐漸交流；鑄造技術的長足進步，反映出春秋戰國時期生產力的提高。

春秋早期諸侯青銅器興起

■春秋早期龍紋鼎

　　春秋早期青銅器形制和組合與西周晚期基本相同，紋飾也沿襲西周的特點。

　　春秋時期，王室、王臣的禮器幾乎消失，代之而起的是列國諸侯、卿大夫甚至卿大夫家臣鑄造的器物。這和當時王室衰微而諸侯、大夫及家臣勢力不斷壯大的形勢相吻合。

　　這一階段代表器物有山東黃縣南埠發現的紀國媵器、河南三門峽上村嶺發現的虢國青銅器、湖北京山蘇家壟發現的曾國青銅器、山東煙台上夼發現的紀國青銅器、山東歷城百草溝發現的魯國媵器，以及湖北隨州熊家老灣發現的曾國青銅器等。

　　春秋時的紀國是姜姓諸侯國，銘文做「己」，其青銅器皆發現於山東，清代在壽光紀侯台下曾發現西周晚期的紀侯鐘。

　　山東黃縣東南的南埠有一座春秋早期墓葬，其中發現一批青銅器，有盤、鬲、鼎等共八件，其中前六件有銘，可知為紀國嫁女的媵器。

山東煙台南郊的上夼，也發現一座春秋早期墓葬，青銅器有鼎、壺、甬鐘、戈、魚鉤等共九件，兩件鼎上有銘，說明器主為紀侯之弟。

煙台遠離紀國而近於萊國，墓主人可能是由紀國遷到萊國的。春秋初年紀國還曾與周王室通婚，《齋吉金錄》中記載有山東的王婦紀孟姜，也是春秋早期器，可能也是嫁為王后的紀女之物。

虢國是中國東周時期的一個重要邦國，以虢國青銅器為代表的虢國文化，是春秋時期文化的重要組成部分。在春秋早期的青銅器中，虢國的青銅器以造型雄奇、紋飾精美、鑄造工藝精湛而著稱於世。

虢國墓地中發現的青銅器有鼎、簋、鬲、壺、洗、爵、盂、戈、編鐘等。

如虢國古方鼎，外觀雄奇，四足穩重端莊厚實，紋飾粗獷卻又不失細膩之處，作為傳國重器，是國家和權力的象徵，並被賦予顯赫、尊貴、盛大的引申意義，此鼎雖是實用品，而以外觀之偉岸敦實，可見使用者的身分和權勢。

虢國銅方彝，是一種長方形盛酒器，帶蓋，直口，四壁做弧線狀，腹鼓出，圈足。蓋及器身的四角與中部各有一條凸起的扉稜相對，蓋正脊中間立一紐，呈四面坡屋頂樣式。通體銘紋豐富，並以夔紋為主題紋飾，精美絕倫。

再如虢國大爵杯，前部有流，後部設尾，流處豎菌形雙柱，腹部外表面裝飾獸面銘紋，鑄造工藝精緻，造型流暢優美，爵杯既是古代飲酒的器皿，同時也作為中國最早的青銅禮器，是擁有者權利與身分的象徵。

虢國古方樽，是所鑄的奉養禮器，高二十一公分，口徑二十公分，重三千五百六十克。方體，圓口，折肩，雖形制不大，卻氣度不凡，深厚雄健，彷彿大器，堪稱春秋早期青銅鼎盛期中的上乘之作。

古方樽的頸部飾蕉葉紋，若仔細辨識，這每一瓣蕉葉紋竟是由上下倒置、五官移位的獸面紋構成，獸面紋下面是兩隻一組的優美鳳鳥。肩部一周飾雙頭龍紋，龍首回顧觀望。

　　四角是突出的帶角象鼻首，象眼圓睜，長鼻捲曲，象牙上翹，雙角彎折，別有威嚴神祕之相。

　　曾國的故城遺址在湖北省隨州市曾都區，關於「曾」的記載，最早見於殷墟出土的殷商甲骨卜辭《掇續》的「左比曾」的銘文。

　　曾都區、漢水西岸的宜城、鐘祥、武勝關的豫南，先後多次發現有「曾」銘文的青銅器，如「曾侯仲子父鼎」、「曾子仲鼎」、「曾侯白戈」、「曾姬無卹」、「曾都尹法之行」、「曾孫法之鼎」等。

　　透過對這些出土的青銅器上的銘文以及史料進行研究和考證，可以得出「曾隨合一」的結論。即在兩千四百年前，以曾都區為中心的漢東地帶的「隨」國即「曾」國，隨州城為曾都。

　　山東曲阜是魯國故城，春秋墓葬中發現有大量青銅器，如北關村曾發現簋六件、豆一件以及車害、鈴等銅器。

　　後來在曲阜魯國故城遺址墓葬中又發現一批青銅器，器物主要有鼎、甗、簋、簠、壺、盤、匜、盆以及戈、車害等兵器和車馬器。器形多為當時中原地區流行樣式，紋飾也是以竊曲紋、重環紋、環帶紋、垂鱗紋等為主的春秋時期常見紋飾。

　　有些銅器還鑄有銘文，其中發現的銅器的銘文多是魯司徒仲齊，為其父伯走父做器，或自做用器，銅器的器主則為魯伯等人。

　　除了以上代表器物，春秋早期青銅製品還有在陝西寶雞太公廟發現的秦公鐘，高〇點四八公尺，兩銑間距〇點二十七公尺，共五件，大小不同。角上飾四條小龍，干帶上有四組變形雷紋，腹部飾獸目單連紋，鼓部飾卷龍紋。

　　與秦公鐘配套的還有秦公鎛，鎛和鐘為大型敲擊樂器，盛行於春秋戰國時期，在貴族祭祀或宴饗時與編磬等樂器配合使用。橋形口者為鐘，平口者叫鎛。

　　秦公鎛造型雄偉，鼓部齊平，中起四道飛稜，側旁的兩道飛稜，形狀是九條盤曲的飛龍，前後兩條則是五條飛龍和一隻鳳鳥。舞部各有一龍一鳳，

背對背，向後回首，紐上有環。鎛身上下各有一條帶狀花紋，由變形的蟬紋與竊曲紋組成。

秦公鎛上有銘文，記載了秦早期的世系，對研究秦代先祖的歷史極為重要，也有助於瞭解春秋早期秦地的青銅鑄冶技術，以及音樂文化。

另外還有「青銅器珍寶」之稱的龍耳虎足方壺，發現於河南新鄭李家樓鄭公大墓，其通高〇點八七公尺，寬〇點四十七公尺，重四十一公斤。

龍耳虎足方壺有蓋，蓋似華冠。直口厚唇，束頸修長似扁方筒，鼓腹，圓形底，頸飾蕉葉紋。這件方壺的雕飾最具特色的是一個龍和虎的配合，頸兩側附一對壯碩的龍形耳，龍為高冠，回首卷尾呈蹲立狀，雙龍耳上鑄有細縷孔，整體給人一種凌駕於雲氣，沐於深泉的雄偉氣魄。

腹飾界欄狀凸稜，上區飾蟠虺紋，下區光素無紋。圈足飾蟠虺紋和雲紋，足下臥兩虎，虎身下伏，口微張，外吐長舌。

此壺造型優雅，紋飾繁縟精美，龍虎上下呼應，栩栩如生。龍代表神武、力量、權勢，具有王者風範，而且極為善變，能驅邪避災。此器青龍蜿蜒，白虎馴服，寓意美好、吉祥。

通體蟠虺紋，兩側雙龍回首，盡展顯赫地位，昭示尊貴身分，龍之騰飛，寓意步步高陞。

春秋戰國時期，意識形態領域空前活躍，人們個性張揚，崇尚浪漫情懷。春秋青銅器作為當時風貌的物化反映，器形由厚重變得輕靈，造型由威嚴變得奇巧，手法由濃厚的神祕色彩而趨向寫實，裝飾紋樣也變得易於理解和更接近於生活。

蓮鶴方壺的出現，是春秋時期時代精神的象徵。反映了一種新的生活觀念與藝術觀念，是活躍升騰的精神力量的形象體現。

壺是古代青銅酒具的一種，也是青銅禮器的重要種類之一，自商代就已有之，主要盛行於春秋戰國時期。

《詩經》中曾有「清酒百壺」的記載，所指的便是這類器物。其造型多種多樣，有方壺、扁壺、圓壺、瓠形壺等，造型奇特華美，為春秋青銅器中的精品。

鄭國蓮鶴方壺主體部分為西周後期以來流行的方壺造型，造型宏偉氣派，裝飾典雅華美。頂蓋做鏤空花瓣形，中立一鶴，昂首舒翅。雙耳為鏤雕的顧首伏龍，頸面及腹周皆為伏獸代替扉稜。

方壺通體四面自頸至腹飾以相纏繞的龍，不分主次，上下穿插，四面延展，似乎努力追求一種總體上的動態平衡。圈足飾似虎的獸，足下承以吐舌雙獸，獸首有兩角，似乎在傾其全力承托重器。構思新穎，設計巧妙。

壺上物像眾多，雜而不亂。神龍怪虎，神態各具。當然，方壺裝飾最為精彩的部分是蓋頂仰起的雙層蓮瓣，和佇立於蓮芯之上展翅欲飛的立鶴。

仙鶴亭亭玉立，雙翼舒展，引頸欲鳴，牠們所展示出的這種清新自由、生動活潑的意境，形神俱佳，栩栩如生，一掃前代裝飾工藝肅穆刻板的風格，標誌著中國古代裝飾工藝的新開端。

蓮鶴方壺碩大的器形、優雅的曲線、純青的工藝、精美的紋飾，清新雋永，令世人嘆為觀止，因此蓮鶴方壺被譽為「青銅時代的絕唱」，它說明鄭國的工業科技水準特別是青銅器鑄造工藝，在當時處於領先地位。

蓮鶴方壺構圖極為複雜，造型設計非常奇妙，鑄造技藝卓越精湛，堪稱春秋時期青銅藝術的典範之作。蓮鶴方壺需要幾十個奴隸同時澆鑄才能完成，是多範疇合鑄工藝的代表。

蓮鶴方壺遍飾於器身上下的各種附加裝飾，不僅造成異常瑰麗的裝飾效果，而且反映了青銅器藝術在春秋時期審美觀念的重要變化。

【閱讀連結】

公元一九二三年八月二十五日，家住河南新鄭縣南門外李家樓村的一個名叫李銳的鄉紳，在自家的菜園中挖水井。

　　當挖到地下三公尺多深時，竟挖出不少古銅器的碎片，他從中挑了三件比較完整的銅鼎去賣，沒想到居然賣得大洋八百多塊，於是喜出望外，趕緊回家接著挖，他做夢也不會想到，這口井正打在了二千六百多年前鄭國國君的大墓上。

　　北洋陸軍第十四師到新鄭巡防時，得知此事，立即派人接管、監督，並派出工兵部隊繼續挖掘。坑越挖越大，寶物越挖越多，一直挖了一個多月，共出土青銅器一百多件。

　　其中包括一對龍耳虎足方壺。後來，這對龍耳虎足方壺分藏在北京故宮博物院和臺灣的國立歷史博物館裡，北京故宮博物院的叫「龍耳虎足方壺」，而臺灣的國立歷史博物館的有著另外一個名字「春秋蟠龍方壺」。

▌春秋中晚期流行蟠螭紋青銅器

■春秋蟠螭紋青銅罍

　　春秋中期以後的青銅器，以蟠螭紋的流行為標誌，山西侯馬所出的陶範和舊著錄中的晉公器等器物上都有細密的平面蟠螭紋。

　　這時，中國大體上呈現以三晉為中心的中原、以秦國為中心的西方、以楚國為中心的南方，三足鼎立的格局。

此外，北方、西南方、東南方等幾處少數民族區域也各有其獨特風格。山西省侯馬上馬村墓穴是春秋中期晉國青銅器的重要墓葬，共有器物一百八十多件，組合為鼎、鬲、甗、敦、簠、方壺、鑒、盤、匜等，並有編鐘及石質的編磬以及戈、矛等武器。

侯馬春秋墓中的鼎有七件，形制不同，但皆附耳。敦為環紐，有三小足，簠有對稱的兩個環耳。

九件編鐘已是紐鐘形式，是紐鐘中相當早的一例。兩件鼎作者為徐王之子庚兒，其時代當為春秋中期偏晚，因此上馬村墓穴應為春秋中、晚期之交的墓葬。

侯馬窯址出土陶範多達三萬餘塊，其中可辨器形者有一千塊以上，可以配套的有一百多件。其中屬於早期的陶範紋飾較簡素，以平面的蟠螭紋、絢紋為主，與晉公青銅器上細密的平面蟠螭紋正相合。

晉公青銅器做於公元前五三七年，代表了春秋中晚期的風格。晚期的陶範多有浮雕狀紋飾，有的非常複雜富麗，與相傳發現於河南輝縣的一對趙孟壺和一對智君子鑒上的紋飾風格相同。

智君子鑒上的浮雕狀紋飾比趙孟壺更為發達，時代當更晚。銘文中的「智君子」可能就是公元前四五三年被韓、趙、魏所滅智氏的大夫智瑤。因此，這種浮雕狀紋飾當起於公元前五百年左右的春秋末期，盛行於戰國前期。

晉國青銅器鑄造工藝在春秋列國中居於領先地位，侯馬的陶範上的圖像和浮雕狀紋飾，顯示了晉國青銅器鑄造工藝的先進。

比如晉國鳥獸龍紋壺，器形圓體，寬頸，深腹外鼓。蓋及兩耳已失。器物主體紋飾是人首鳥體的怪獸和蟠螭紋龍相互纏繞。

在紋飾之間還有虎、豹等動物的食人之像。腹下飾一周雁群紋，雁做昂首曲頸狀，體現了晉國青銅鑄造業的高度水準。

秦公簋相傳發現於甘肅禮縣大堡子山秦公墓地，做於秦景公時，是秦公之祭器，在秦漢時曾被當作容器使用。斂口微腹，獸首耳較大。蓋緣和口下

飾獸目交連紋，器上獸首倒置，圈足飾鱗紋，餘飾橫條紋，蓋沿和口沿每組紋飾間還設有上下相反的浮雕獸首，殊為奇特。

　　上有銘文一百〇四字，分鑄於器及蓋上。蓋器同銘五字，記秦公做此簋。器和蓋上又各有秦漢間刻款九字。銘文均由印模打就，青銅器的此種製作方法，僅見此例。銘文字體整飭嚴謹，微曲中求勁健，表現出強悍雄風，也是春秋時期秦國的傳神寫照。

　　河南淅縣下寺楚墓中發現的王子午鼎，是春秋時期楚國的青銅器，是分鑄後焊接而成，採用了榫卯、仲介物等新型構思，技藝之高超，在當時全世界是一流的水準。

　　本來這是一套七件用失蠟法鑄造的列鼎，鼎上銘刻有「王子午」字樣，七鼎由大至小排列，稱為列鼎，王子午鼎是其中最大的一件。

　　該鼎侈口、束腰、鼓腹、平底、三蹄形足，口沿上有兩外侈的長方形耳，旁邊攀附六條蟠螭紋龍形獸，獸口咬著鼎的口沿，足抓著鼎的腰箍，使鼎在香煙繚繞中有升騰的感覺。腹部滿浮雕的攀龍和弦紋。內腹與蓋內均有銘文。

　　該鼎是楚莊王之子、楚共王的兄弟、曾任楚國令尹之職的王子午，即子庚的器物。該器物又成為研究楚文化的標準器。鼎腹內壁均鑄銘文共八十四字，記述王子午做器的用途和歌頌自己的功德。

　　春秋齊洹子孟姜壺，是齊侯為田洹子之父所做的祭器。高〇點二二公尺、口徑〇點一三公尺，銅壺頸部內壁有銘文一百四十二字，銘文記述田洹子之父死後，齊侯請命於周王，為死者舉行多種典禮。

　　田洹子即田無宇，娶齊侯之女孟姜為妻。齊國自齊桓公死後，內部發生紛爭，逐漸失去霸主地位。至齊景公之世，政權下移於卿大夫，卿大夫之間的兼併鬥爭越演越烈。

　　鬥爭中，田無宇先後消滅欒氏、高氏，壯大了自己的勢力。公元前四八一年，田常殺齊簡公，從此田氏完全控制了齊國政權。

這一時期，各地區之間逐漸交流。例如吳越地區流行的細線雲雷紋在楚地也時有發現，而原先用於北方的帶鉤也傳播到了南方，從物質文化角度反映出東周時期走向統一的歷史趨勢。

南方吳越地區春秋青銅器代表有吳王夫差鑒，高〇點四五公尺，口徑〇點七三公尺，重四十五公斤。

鑒是一種水器，在日常的生活中有時也用來盛冰。此器形如大缸，平底。器腹兩側有虎頭狀獸耳，兩耳間的口沿旁有小虎攀緣器口，做探水狀。

通體飾繁密的蟠螭龍紋交相三周。器內壁有銘文兩行十三字，記吳王夫差用青銅做此鑒，為吳王夫差宮廷中御用之物。

這件鑒耳上獸面的額頂又飾一高出器口的長鼻獸。另兩側裝飾了立體的卷尾雙角蟠螭龍，兩條龍攀緣器壁，咬住鑒口，炯炯有神的雙目窺探鑒內，非常生動。

除了立體的雙龍，鑒的口沿、腹部均飾繁密的蛟龍紋。這種體軀交纏、盤旋的龍紋，盛行於春秋戰國之際。

同一時期的吳王夫差青銅劍也為佳品，劍鍔鋒利，劍身滿飾花紋，劍譚飾嵌綠松石獸面紋，劍身近格處鑴「攻吳王夫差自乍其元用」十字，為吳王夫差用劍。吳王夫差兵器已發現多件。

夫差是吳王闔閭的兒子，於公元前四九五年繼王位，次年擊敗越王勾踐，繼而揮師北上，爭霸中原。

公元前四八二年，吳王夫差與晉定公盟於黃池，即河南省商丘縣南。春秋五霸之後，僻居東南的吳國和越國在中原地區的周朝王室衰微、諸侯爭霸戰爭越演越烈的時候，吳越兩國之間也爆發了激烈的戰爭。

公元前四九四年，吳王夫差親自率領吳軍攻打越國，越國戰敗，越王勾踐屈辱求和，並到吳國侍候夫差。後來，勾踐透過「臥薪嘗膽」，三年後借助黃池之會攻占了吳國都城，殺死了吳國太子友。

　　就在這種不斷的戰爭中，吳越兩國建立了大規模的軍隊，大量地使用的兵器之一就是劍。劍是中國古代一種重要的近戰短兵器，它由劍身和劍柄兩部分構成。

　　劍身修長，兩面都有利刃，頂端收聚成鋒；劍柄則較短，用於手握。由於在格鬥中其功能以推刺為主，故又稱為「直兵」。

　　越王劍是春秋時越王勾踐請鑄劍名師經歷數年精心鑄造出來的。據《吳越春秋》和《越絕書》記載，越王勾踐曾特請龍泉寶劍鑄劍師歐冶子鑄造了五把名貴的寶劍，其劍名分別為湛盧、純鈞、勝邪、魚腸、巨闕，都是削鐵如泥的稀世寶劍。

　　據稱，後來越被吳打敗，勾踐曾把湛盧、勝邪、魚腸三把劍獻給吳王闔閭求和，但因吳王無道，其中湛盧寶劍「自行而去」，到了楚國。為此，吳楚之間還曾大動干戈，爆發過一場戰爭。

　　歷史上楚國和越國的關係曾經有一段非常親密的時期，越王勾踐還把自己的女兒嫁給了楚昭王。勾踐的女兒生下了後來的楚惠王。

　　「越王勾踐劍」發現於湖北江陵望山墓穴內棺中，位於墓主人的左側，插在髹漆的木質劍鞘內。也許這就是越王勾踐送給女兒的嫁妝。已在地下埋藏了兩千五百多年的劍，卻仍然完好如新，拔劍出鞘，寒光閃閃，毫無鏽蝕。

　　越王勾踐劍全長五十五公分，柄長八公分，劍寬四公分。劍身修長，有中脊，刃鋒利，前鋒曲弧內凹。劍首外翻捲成圓箍形，內鑄十一道同心圓，劍身上布滿了規則的黑色菱形暗格花紋，劍正面鑲有藍色玻璃，背面鑲有綠松石。

　　劍有兩行鳥篆銘文，共鑄八個金鳥篆體陽文：「越王鳩淺，自作用劍」。劍身上兩道凸箍，鑄工精湛，為歷代傳頌的吳越名劍之一。劍身上裝飾著菱形花紋，劍柄與劍刃相接處兩面也用藍色琉璃鑲嵌著精美的花紋。

　　無論就勾踐劍的外形研製，還是材料搭配，這口劍都無疑是中國青銅短兵器中罕見的珍品。

越王勾踐劍的含銅量約為百分之八十至百分之八十三、含錫量約百分之十六至百分之十七，另外還有少量的鉛和鐵，可能是原料中含的雜質。

作為青銅劍的主要成分銅，是一種不活潑的金屬，在日常條件下一般不容易發生鏽蝕，這是越王勾踐劍不鏽的原因之一。

而且在同一劍上，各個部位的合金成分各不相同，這是根據需要配製的。劍脊需韌性好，含銅較多，故不易折斷；劍刃需要硬度大，故含錫多，可使劍鋒利；劍的花紋處含硫高，硫化銅可防鏽蝕並保持花紋豔麗。

據考證，這種複雜的複合金屬工藝，是分兩次燒鑄造後又複合成一體製作而成的。這種工藝外國人近代才開始使用。

一把在地下埋藏了兩千五百多年的古劍，居然鋒利無比，閃爍著炫目的青光，寒氣逼人。二十多層的影印紙，劍從中一劃全破。難怪它是中國收藏的第一號名劍，享有「天下第一劍」的美譽。

越王勾踐劍上的花紋是用金屬錫製成的。春秋戰國時期，青銅器的表面裝飾有多種，錫是其中之一，青銅的亮黃色與錫的亮白色相互襯托，耀眼美觀。

但錫有兩點不足，一是硬度低，容易出現劃痕，所以只能填在劍身的花紋內；二是在空氣中容易被氧化而使光澤黯淡，失去了裝飾的意義，所以這種方法並沒有被較廣泛地使用。

越王劍劍身的菱形暗格技術，是吳越之劍非常富於裝飾性的一種工藝，這也是人們喜愛吳越之劍的一個原因。這把越王勾踐之劍的劍首是用十一道特別薄的銅片製作的同心圓。

在離發現越王勾踐劍僅一公里處的另一座春秋時期的古墓中，又發現了吳王夫差矛。此矛也是通體裝飾黑色菱形花紋，而且保存完好，鑄技之精、工藝之美，堪與越王勾踐劍匹敵。這一劍一矛被世人公認為是吳越青銅兵器中的雙璧。

再來看這件春秋晚期的犧樽，高〇點三三公尺，長〇點五八公尺，重一〇點七六公斤，是以牛為器形，所以命名為「犧樽」。該樽的腹部中空，頸及脊背上有三穴，中間一穴套有一隻鍋形的器皿，可以自由取出。根據其構造的特點，可以確定這是一件溫酒用的器物，鍋形器容酒，前後兩個空穴用於灌注熱水。

此樽紋飾華麗繁縟，構圖新穎，牛首、頸、身、腿等部位裝飾有以盤繞迴旋的蟠螭龍蛇紋組成的獸面紋，仔細觀察為獸面銜兩蟠龍，蟠龍的上半身從獸面的頭頂伸出，後半身被獸面的雙角鉤住並向兩邊延伸。在牛頸及鍋形器上飾有虎、犀牛等動物的浮雕，形態生動，鑄造精美。

這件犧樽的牛鼻上還穿有一環，說明了至少在春秋時期，已經開始使用穿鼻的方法來馴服牛了。牛鼻環在當時稱為「棬」。

在殷人觀念中，體格健壯、有一雙彎曲而有力大角的水牛更具靈性，所以讓牠作為人與神溝通的媒介，擔負通天地神獸的重要角色，主要用於祭祀。

同時牛樽的器身滿飾動物紋，在商周時代的神話和美術中，動物或動物紋樣占有很重要的地位，在祭祀中被視作神奇力量，扮演溝通天地的助手。

這件犧樽集鑄造、設計、雕刻藝術於一身。既是精美的藝術品又是生活中的實用品，承載著大量的歷史文化訊息，是一件不可多得的青銅精品。

【閱讀連結】

至春秋中晚期，列國金文在形體上均已形成較鮮明的時代特色，不同地理區域，甚至區域相鄰的不同國家間的金文也有了較大的差別。

但當時大小國眾多，所能掌握的金文資料，尚不足以逐一做細緻的、分國別的研究。這一階段金文大致分四個區域，即是東方之齊魯、中原之晉、南方諸國和秦中。

同時，青銅鑄造技術也有了長足進步。器物製作方面主要體現在合範法鑄造的高度發達、失蠟法的應用、模印法制範、鑲嵌工藝的普遍流行，以及兵器的表面處理技術等。

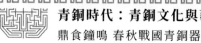
　　湖北大冶縣銅綠山的礦井遺址，體現了東周時代青銅冶鑄業的巨大規模，反映出春秋戰國時期生產力的提高。

戰國早期青銅紋飾達到新高峰

　　春秋晚期至戰國早期，青銅器紋飾發展成浮雕狀，繁複的鏤空花紋則達到了東周時期青銅器製作的頂峰。

　　代表器物有河南新鄭銅器群、安徽壽縣蔡侯墓銅器群、山西渾源李峪村銅器群以及輝縣山彪鎮和琉璃閣、河南淅川、長治分水嶺，湖北隨州擂鼓墩等地的銅器群等。

　　其中最著名的是湖北隨州擂鼓墩的曾侯乙墓發現的青銅器。這座墓的下葬年代為公元前四三二年，距今兩千四百一十餘年。

　　曾侯乙，姓姬名乙。戰國時代曾國一個名叫「乙」的諸侯國君。他不僅是一位熟諳車戰的軍事家，也是一位興趣廣泛的藝術家。

　　曾侯乙墓中共發現隨葬品一萬五千多件。其中曾侯乙編鐘一套六十五件，是最完整、最大的一套青銅編鐘。

　　青銅禮器主要有鑊鼎二件、升鼎九件、飼鼎九件、簋八件、簠四件、大樽缶一對、聯座壺一對、冰鑒一對、樽盤一套二件及盥缶四件等。

　　其中樽盤是用先進的失蠟法鑄造，表現出戰國時期青銅冶鑄業的高水平。

　　曾侯乙墓隨葬數量龐大的樂器，鐘磬銘文中有大量樂理樂律銘文，顯示了曾侯乙生前對於樂器製造與音律研究的重視程度。

　　墓內還有大量鑄造極精的青銅器珍品，及繪畫、雕塑藝術、書法精品。並且大量器物並非冥器，而是曾侯乙生前所用之物，多為他親自督造，說明他興趣廣泛，具有多方面的才華和較高的藝術鑒賞力。

　　曾侯乙墓的青銅共計紐鐘十九件，角鐘四十五件，分三層懸掛在滿飾彩繪花紋的銅木結構的鐘架上，每層的立柱下都鑄造成一個青銅佩劍武士。

編鐘的形體和重量是上層最小，中層次之，下層最大。最小的一件重兩千四百克，高〇點二公尺；最大的一件重兩百〇三點六公斤，高一點五三公尺。它們的總重量在二千五百公斤以上。鐘架通長十一點八三公尺；高達二點七三公尺。氣魄宏大而壯觀。

鐘在中國商朝時就已出現，最初只有三十五枚，至周朝增到九枚至十三枚，戰國時發展成六十一枚。人們按鐘的大小、音律、音高把鐘編成組，製成編鐘，演奏悠揚悅耳的樂曲。

而曾侯乙編鐘共六十五枚，其中一枚是戰國時楚惠王贈送的鎛。曾侯乙為表示對楚王的敬重而放在顯要位置上。

鐘上大多刻有銘文，上層十九枚鐘的銘文較少，只標示著音名，中下層四十五枚鐘上不僅標著音名，還有較長的樂律銘文，詳細地記載著該鐘的律名、階名和變化音名等。

鐘及架、鉤上共有銘文三千七百五十五字，內容為編號、記事、標音及樂律理論。這些銘文，便於人們敲擊演奏。

曾侯乙編鐘音域寬廣，有五個八度，鐘的音色優美，音質純正，基調與C大調相同。

編鐘的懸掛有三種方式：下層環掛式，掛鉤為爬虎套環和雙桿套環兩種；中層鉤掛式，掛鉤為框架鉤和焊鉤兩種；上層插掛式，是以插銷入孔、串鉤鐘紐。

全部甬鐘的記事銘文均為「曾侯乙做持」五字，標明鐘的製作和享用者是曾侯乙。鎛鐘的銘文則記載楚王熊章為曾侯乙鑄宗彝一事。標音明文標示了鐘的位置或敲擊部位及其所發音的名稱，它們構成了十二半音稱謂體系。樂律理論記述了曾國與楚、晉、齊、申、周等國的律名對應關係。

鐘銘所見律名二十八個、階名六十六個，絕大多數都是前所未知的新材料。這套編鐘的銘文，是一部重要的中國古代樂律理論專著。

　　全套編鐘音域寬廣，音律充實，音色優美。每件鐘均有呈三度音程的兩個樂音，可以分別擊發而互不干擾，也可同時擊發構成悅耳的和聲，證實了中國古編鐘雙音的規律。

　　全套編鐘具有深沉渾厚的低音、圓潤淳樸的中音和清脆明快的高音。中心音域內具十二半音，可以旋宮轉調，演奏七聲音階的多種樂曲。

　　鐘及鐘架銅構件是銅、錫、鉛合金，合金比例因用途而異。用揮鑄、分鑄、錫焊、銅焊、鑄鑲、銼金、磨礪製作而成，工藝精湛。編鐘的裝配、布局，從力學、美學、實際操作上，都十分合理。

　　全套鐘的裝飾，有人、獸、龍、花和幾何形紋，採用了圓雕、浮雕、陰刻、彩繪等多種技法，以赤、黑、黃色與青銅本色相映襯，精美壯觀。

　　同時還有六個「丁」字形彩繪木槌和兩根彩繪撞鐘木棒，經實驗判定，這套鐘的使用共需五人：三人雙手執小槌掌奏中、上層鐘；兩人各持撞鐘木棒，掌奏下層鐘。

　　曾侯乙墓中還有一件珍貴的青銅樽盤，樽高〇點三三公尺，口寬〇點六十二公尺，盤高〇點二四公尺，寬〇點五七公尺，深〇點一二公尺。

　　樽敞口，呈喇叭狀，寬厚的外沿翻折，下垂，上飾玲瓏剔透的蟠虺透空花紋，形似朵朵雲彩上下疊置。樽頸部飾蕉葉形蟠虺紋，蕉葉向上舒展，與頸項微微外張的弧線相搭配，和諧又統一。

　　在樽頸與腹之間加飾四條圓雕豹形伏獸，軀體由透雕的蟠螭紋構成，獸沿樽頸向上攀爬，回首吐舌，長舌垂卷如鉤。樽腹、高足皆飾細密的蟠虺紋，其上加飾高浮雕虬龍四條，層次豐富，主次分明。

　　盤直壁平底，四龍形蹄足口沿上附有四只方耳，皆飾蟠虺紋，與樽口風格相同。四耳下各有兩條扁形鏤空夔龍，龍首下垂。

　　四龍之間各有一圓雕式蟠龍，首伏於口沿，與盤腹蟠虺紋相互呼應，從而突破了滿飾蟠螭紋常有的滯塞、僵硬感。樽置於盤內，兩件器物放在一起渾然一體。

　　樽是盛酒器，盤一般作為水器用，兩者合為一器，樽內盛摻有香草汁的酒，祭祀時以獻屍，賓禮時以飲客。整套器物紋飾繁縟，窮極富麗，其精巧達到先秦青銅器的極點。

　　尤其是器上鏤空裝飾，透視有若干層次，是用失蠟法鑄造。這一發現，證實了在兩千四百多年前的戰國早期，中國的失蠟法鑄造技術已經達到極高的水準。樽和盤均鑄有「曾侯乙作持用終」銘文。

　　曾侯乙墓中青銅樂器還有一套編磬，通高一點〇九公尺、寬二點一五公尺。青銅銼金磬架，由一對圓雕怪獸及其頭上插附的立柱為虞，兩根圓桿作為橫梁，呈單面雙層結構。獸頂插附的立柱從腰、頂兩處與橫梁榫接。橫梁底等距焊鑄銅環，以串鉤掛磬。磬架施線條流暢的銼金雲紋。

　　三十二塊磬是用石灰石或大理石磨成，形若倨句，大小有異，分為兩層四組。一磬虞獸舌上有「曾侯乙做持用終」銘文。

　　曾侯乙墓的青銅鹿角立鶴，通高一點四三公尺，鶴高一點一公尺。鶴長喙上翹呈鉤狀，引頸昂首佇立，兩翅展開作輕拍狀。拱背，垂尾。鶴首兩側插有兩支銅質鹿角形枝杈。鶴的頭、頸和鹿角上有幾何紋飾，其他部位有鑄成和鑲嵌的雲龍紋。

　　此器造型別緻，是一件獨具風格的青銅工藝精品。鶴和鹿是長壽和吉祥的象徵。把鹿角插入鶴頭，將兩者置於一身，可稱之為「瑞鶴」。古人把仙人乘車叫「鶴馭」「鶴駕」。

　　曾侯乙墓的青銅大樽缶通高一點二四公尺，口徑〇點四八公尺，足徑〇點六九公尺，重三百二十七點五公斤。

　　樽缶為古代盛酒器，這件大樽缶是中國先秦酒器中最大、最重的一件，堪稱「酒器之王」。它不但擁有足以傲視同類的巨大體型，而且在紋飾上也極盡精美。

　　器表由細密複雜的渦紋、重環紋、蟠螭紋、綯紋、雷紋、蕉葉紋、帶紋、蟠蛇紋等構成，花紋花式統一，線條整齊劃一。

大樽缶裡面還存有酒液，歷經兩千四百多年依然沒有溢漏，可見缶的密封性之好。這件大樽缶不僅對瞭解曾國的人文歷史提供了珍貴實物資料，而且也讓人感受到了當時貴族的豪飲之風。

還有一件青銅聯銅禁壺，左邊通高〇點九九公尺，口徑〇點三三公尺，蓋罩徑〇點五三公尺，重一百〇六公斤；右邊通高〇點九九公尺，口徑〇點三二公尺，蓋罩徑〇點五三公尺，重九十九公斤；銅禁長一點一七公尺，寬〇點五三公尺，重三十五點二公斤。

壺為敞口，厚方唇，長頸，圓鼓腹，圈足。壺蓋有啣環蛇形紐，蓋外沿套裝勾連紋的鏤孔蓋罩。壺頸兩側各有一攀附的龍形耳，器身飾蟠螭紋和內填蟠螭紋的蕉葉紋等。

兩壺內壁均鑄有「曾侯乙做持用終」銘文。銅禁在世界上僅見四件，而在湖北更是首次被發現。

墓中還有一件青銅冰鑒，通高〇點六一公尺，邊長〇點六公尺，重一百七十公斤。

鑒是古代用以冰酒或溫酒的器具，它由內外兩件器物構成。外部為鑒，鑒內置一樽缶，鑒與樽缶之間有較大的空隙，夏天可以放入冰塊，冬天貯存溫水，樽缶內盛酒，這樣就可以喝到「冬暖夏涼」的酒。

鑒和樽缶均飾以變形蟠螭紋、勾連紋和蕉葉紋等，並均有「曾侯乙做持用終」銘文。此器結構複雜，造型奇特，工藝精湛，是具有特殊用途的大型酒具，同時發現有兩件，造型、紋飾、大小均同。

除曾侯乙墓的青銅器外，比較著名的還有戰國早期的銅鳥獸紋壺，通體滿嵌紫紅色花紋，如果連同三角形的格欄，從上至下共有十六層之多。

壺身主紋帶重點表現龍、虎、獸面及鹿等多種動物，牠們頗具抽象意味，形態活潑。在動物的周圍還輔之以雲朵、蕉葉一類花飾。在深色的胎體上，這些紫紅色圖案特別突出，具有強烈的裝飾效果。

這些紫紅色的圖案是鑲嵌而成，原料並不是什麼貴重金屬，而是鑄造青銅器所必需的純銅，也就是紅銅。兩種基本相同的金屬材料，何以能夠達到如此精彩的裝飾效果呢？

原來，純銅色澤紫紅，延展性又好，易於鑲嵌；而青銅本身顏色青灰或呈金色，兩者的色彩和光澤均形成強烈反差，從而具有極佳的裝飾效果。

中華祖先在兩千五百多年前就充分認識到這一點，並把它應用到所鑄造的青銅器中。他們在銅器上鑄造出凹槽，在這些凹槽中填嵌紅銅絲，大面積的花紋則兩次澆鑄紅銅熔液；在填嵌完畢後再加以精心打磨。這一富有創新意識的工藝一經出現，便迅速在各地推廣。

與此同時，人們還用黃金、白銀等作為鑲嵌材料；有的高級銅器上還鑲嵌綠松石、琉璃和寶石。比如一件鳥獸紋壺，大面積紅銅紋飾，應是採用兩次澆鑄紅銅的技法鑄造而成的。由於工藝相對複雜，發現的這類滿嵌花紋的銅器數量很少，更多的是在銅器上局部鑲嵌簡單的花紋。

類似的如時代要略早於鳥獸紋壺的春秋時期銅獸紋樽缶，它的肩部用紅銅嵌四組瑞獸，每組兩個，一前十後，前者駐足回首，後者奮力追趕，兩者相互顧盼，憨態可掬，活潑可愛。

【閱讀連結】

公元一九七七年九月，在湖北省隨州城郊，曾侯乙編鐘重見天日。這是中國文物考古、音樂史和冶鑄史上的空前發現。當時，隨州城郊擂鼓墩駐軍擴建營房時，偶然發現了曾侯乙墓。

當勘測小組趕到現場時，部隊施工打的炮眼距古墓頂層僅差〇點八公尺，只要再放一炮，這座藏有千古奇珍的古墓就會永遠不復存在。

公元一九七八年五月二十二日凌晨五時，墓室積水抽乾後，雄偉壯觀的曾侯乙編鐘露出了它的真面目，所有在場的人都被這座精美絕倫的青銅鑄器驚呆了：歷經兩千四百多年，重達兩千五百六十七公斤的六十五個大小編鐘，整整齊齊地掛在木質鐘架上。

編鐘出土後，中國文化部的音樂家趕到現場，對全套編鐘逐個測音。檢測結果顯示：曾侯乙編鐘音域跨越五個八度，只比現代鋼琴少一個八度，中心音域十二個半音齊全。

戰國中晚期青銅器大量出現

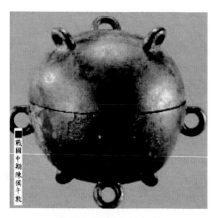

■戰國中期陳侯午敦

至戰國中晚期，許多銅器都變成素面的，而且服御器、日用器大量增加。代表器物有長沙、壽縣等地發現的楚器、陝縣後川發現的魏器等。

陳侯午敦，通高二十公分，口徑十七公分。器呈素面圓球形。蓋、器上對稱分布三圈紐以為支點，在器口緣下兩側還各有一圈耳。器內底有畫線界隔的銘文八行，共三十六字，記述了陳侯午用各諸侯所獻青銅，為其先母孝大妃做敦之事。

與田齊桓公有關的還有陳侯午簋，高〇點三三公尺。由銘文可知，齊桓公田午在位第七年時，用諸侯送來的美銅鑄了一件「陳侯午七年敦」；在位第十四年時，又用各諸侯進獻的美銅，鑄了兩件「陳侯午十四年敦」及一件「陳侯午十四年簋」。

關於戰國時期中山國的歷史，文獻所載僅是片言隻語，王室世系也不清楚。而遺留下來的中山王鼎、壺銘文為研究戰國時期中山國的歷史提供了重要資料。

　　河北省平山中山王墓發現的中山國王所做銅鼎與方壺，與同時發現的嗣王所做圓壺合稱「中山三器」，均有很長的銘文，記載了中山國的歷史，補充了文獻中的缺佚。

　　中山王鼎是中國發現的最大的鐵足銅鼎，圓腹圓底，附耳，獸蹄足，覆缽形蓋，頂有三環紐，通高○點五一公尺，最大直徑○點六五公尺。頂蓋及鼎腹部刻有銘文四百六十九個字，共刻有銘文七十七行，蓋上兩個字，腹部凸玄紋以上三個字，以下一個字。

　　方壺即通常所謂的鈁，通高○點六三公尺，腹徑○點三五公尺，腹的四面刻銘文四百五十字。在壺蓋上有四個抽象的龍形紐，在壺肩四稜上各雕塑有一條小龍，龍頭向上，獨角大耳，頸背生鬃，長尾。

　　這些龍裝飾的使用，為素光無花紋因而略顯呆板的壺體增加了活潑氣氛，而龍身無繁縟的花紋，與壺體協調相稱，共同構成一種素雅明快之美感。

　　該壺的四個光平的腹壁上，用纖細的筆道、工整優美的篆書，刻下的長達四百四十八個字的銘文。

　　根據銘文的記載，這是一件中山國王命令其相邦鑄造的酒器。選擇燕國優質銅鑄造銅壺，按照禋祀的禮儀規定裝酒，用於祭祀上帝和祖先。在銘文中說該器叫做彝壺，用來盛祭祀上帝、祖先的酒。

　　中山王鼎、壺的銘文內容相似，主要是讚頌相邦率師伐燕而建立的功勳，並譴責燕王噲讓王位於燕相子之，因為「臣主易位，逆天違人，故身死國亡」。

　　文獻記載，當時只是齊國乘機入侵，攻破燕都。據鼎、壺銘文，中山國的相邦司馬也率師參加了這次伐燕，並奪地數百里，城數十座。齊伐燕事發生在公元前三一六年，鼎和壺的鑄造時間當在此後不久。

　　圓壺為短頸鼓腹，兩側有二鋪首，圈足，有蓋，蓋飾三紐，通高四十四公分，腹徑三十二公分，腹與圈足皆有銘文，腹部銘文五十九行，一百八十二字。

鼎、壺的銘文如「皇祖文武、桓祖成考」，即記錄了四位先王的廟號，連同做器者王，做圓壺者，這就銜接起了前後共六代中山王的世系，對文獻所載中山武公前後的歷史做了重要補充。

梁十九年鼎，也稱「亡智鼎」，是戰國晚期珍品，通高十八公分、口徑十七公分，重四千一百克，容積三千○七十五毫升。扁圓體，附耳向外曲張，三條矮蹄足，淺腹圜底，蓋隆起，上有三個鳧形紐。腰上有一粗弦紋銘文字數，口下刻銘文三十五字。

青銅刀幣是戰國時期的貨幣，有「折刀」，也有「直刀」。折刀是燕國、中山國、齊國等地的鑄幣，分為弧折、磬折；弧折較早。面文有字，有釋為「明」、有釋為「易」、有釋為「匽」。背文有紀地、紀數、紀爐座、紀名物等；直刀是趙國、中山國鑄幣。錢文多用於紀國地區。

戰國時期，楚文化蓬勃發展，因此這一時期的青銅器也很有代表性。如安徽省壽縣楚王墓發現的鑄客銅鼎，又名楚大鼎或大鑄客鼎。楚國青銅炊器，通高一點一三公尺，口徑○點八七公尺，耳高○點三六公尺，腹深○點五二公尺，腹圍二點九公尺，足高○點六七公尺，重約四百公斤。

該銅鼎圓口，方唇，鼓腹，圓底，三蹄足。頸側附雙耳，耳的上部外侈。腹飾一周突起的圓箍。箍上飾模印花紋，雙耳和頸部外壁飾模印菱形幾何紋，足根部飾浮雕漩渦紋。鼎口平沿刻銘文十二字，刻銘開頭即是「鑄客」兩字。

銅鼎的前足和腹下均刻有「安邦」兩字吉語，又因此鼎在數千件楚器中最為雄偉，堪稱楚王重器，特冠一「大」字，是周代以來最大最重的鼎。

青銅器在此時發展越來越精緻，比如河北省平山縣發現的一件銅器金銀，通高○點三六公尺，上框邊長○點四七公尺，環座徑○點三一公尺，重十八點六五公斤。

銅器周身飾金銀花紋。下部有兩牡兩牝四只側臥的梅花鹿環列，四肢蜷曲，馱一圓環形底座。中間部分於環座的弧面上，立有四條神龍，分向四方。四龍獨首雙尾。龍身盤繞糾結之間四面各有一鳳，引頸長鳴，展翅欲飛。上部龍頂斗栱承一方形框，斗栱和框飾勾連雲紋。

這件案面原為漆板，已腐朽不存，僅留銅案座。它的造型內收而外敞，動靜結合，疏密得當，一幅龍飛鳳舞圖躍然眼前，突破了商、周以來青銅器動物造型以浮雕或圓雕為主的傳統手法。

另外，四個龍頭上各有一個斗栱，第一次以實物面貌生動再現出戰國時期的斗栱造型。

【閱讀連結】

春秋晚期至戰國時期，由於鐵器的逐漸推廣使用，銅製工具越來越少。

中國古代銅器，是對人類物質文明的巨大貢獻，雖然從目前的考古資料來看，中國銅器的出現，晚於世界上其他一些地方，但是就銅器的使用規模、鑄造工藝、造型藝術及品種而言，世界上沒有一個地方的銅器可以與中國古代銅器相比擬。這也是中國古代銅器在世界藝術史上占有獨特地位並引起普遍重視的原因之一。

重器瑰寶 秦漢及後青銅器

　　戰國末至秦漢末這一時期，傳統的禮儀制度已徹底瓦解，鐵製品已廣泛使用。至東漢末年，陶瓷器得到較大發展，把日用青銅器皿進一步從生活中排擠出去。至於兵器、工具等方面，鐵器早已占了主導地位。

　　隋唐時期的銅器主要是各類精美的銅鏡，一般均有各種銘文。自隋唐以後，青銅器便不再有什麼發展了。正因為這樣，秦漢至隋唐的千百年間，所遺留下的青銅器便更顯得彌足珍貴了。

秦朝體現帝王氣概的青銅器

■秦始皇陵銅馬車

　　公元前二二○○年，秦王嬴政掃平齊、楚、燕、韓、趙、魏六國，統一中國，建立了大秦帝國。

　　歷史上，秦始皇及其儀仗隊曾經五次浩浩蕩蕩巡視統一後的秦帝國。秦始皇坐在裝飾精美華麗的車上，威風八面，在前呼後擁的皇后、嬪妃、寵臣、文武百官、皇子公主侍候下，踏上出巡征程。

　　秦始皇坐的車稱為「金銀車」，由六匹馬所駕，讓太僕親自趕車。前面的馬以虎皮蒙著眼，警蹕開道；後面的馬掛著豹尾，並用桃木製作的弓箭關邪驅魔，其場面之大出乎常人想像。

　　銅車馬，稱立車，又叫高車，屬儀仗中負責警衛性質的兵車。因為馭手的駕車姿勢不同，而有「立為高、坐為安」的分別。

　　秦始皇做了皇帝之後，就開始修建自己的陵寢，按照「事死如事生」的觀念，其陵寢中也有車馬、兵器等陪葬品。而在秦始皇帝陵銅車馬坑，便發現了兩輛用青銅製作，以四匹馬拉的戰車。

　　被編號為一號的戰車是立車、單轅雙輪，車廂為橫長方形，車門在車廂的後面，車上有圓形的銅傘，傘下站著御官，雙手馭車，前駕四匹馬。

二號車為安車，也是單轅雙輪。車廂為前後兩室，兩者之間有窗，上車的門在後面，上有橢圓形車蓋。車體上繪有彩色紋樣，車馬均有大量金銀裝飾。

秦始皇陵銅車馬兩乘總重量二點三噸，由六千五百二十六個零件組裝而成。這兩輛銅車馬都是事先鑄造，後又經過細部加工的，是造型最大、繫駕關係最齊全、製作工藝最複雜的陪葬車馬。因工藝過於複雜，陪葬物僅是實用物的二分之一大小；儘管如此，它依然堪稱中國古代冶金史上的奇蹟，被譽為「青銅之冠」。

一號戰車為單轅雙輪車，車內配置了弩、矢、盾等多種兵器。轅長二點四六公尺，輪徑為〇點五九公尺，通高一點二五公尺，總重量一千〇六十一公斤，由三千〇六十四個零件組成。

車前套駕四匹銅馬，中間的兩匹服馬舉頸昂首正視前方，兩邊的驂馬略視外側，馬口微起，鼻孔翕張，像是正在喘息一般。兩側馬頭微向外轉，靜中寓動，造型風格和秦陵陶馬相似。

伯樂《相馬經》一書中論述駿馬時說：「馬頭要方，目要明，背要平，胸要厚，腿要長。」

這四匹馬無一不符合這些條件，牠們個個耳若削竹，目似懸鈴，頭方肚圓，脊背平整，胸部肌肉隆起，腿部筋腱隱隱可見。就連馬口中的六顆牙齒都鑄得清清楚楚，表明這些馬正處於精力最充沛的青壯年時期。

車上立一御官俑，頭戴鶡冠，身佩寶劍，身分相當於兵馬俑坑中的將軍俑。他目視前方，謹小慎微，體現出古代封建社會森嚴制度下「伴君如伴虎」的高度緊張感。

然而，嚴肅的表情中又透出一絲輕鬆。這是因為，他並不是為皇帝御駕而僅是護衛，表現了心理上的一種踏實。秦代雕塑家一絲不苟、入木三分的雕刻技藝，令人嘆為觀止。

車分前後，平面呈凸字形，凸突部分是馭手所坐之處。跪坐著的銅御者高〇點五一公尺，重五十二公斤。其神態恭敬中又有一絲得意，充分表現出一個高級奴僕的心理。

車室的後面有門，左、右與正前闢有三個窗戶。正前窗板為鏤空的菱形花紋，窗板可以開啟，便於主人與馭手互通訊息。

兩側窗可以前後推拉，窗板也是鏤空菱形紋，從室內可以觀察到車外的情況，但外面的人難以看清車內。篷蓋面積達二點三平方公尺，將馭手也罩在下面。篷用銅骨架、銅條支撐，上覆以絹帛。

四匹馬的高度為〇點九一公尺至〇點九三公尺，長度為一點一公尺至一點五公尺。四匹馬的重量也不相同，分別為一百七十七公斤、一百八十點七公斤、一百八十三公斤和兩百一十二點九七公斤。聳立於馬頭之上的是車撐，用於支撐車轅，這樣在長途中休息時可減輕馬的壓力。

二號戰車通長三點一七公尺，高一點〇六公尺，總重量為一千兩百四十一公斤，由大小三千四百六十二個零件組裝而成。其中青銅製件一千七百四十二個，黃金製件七百三十七個，白銀製件九百八十三個。

銅車馬是帝王之車，其裝飾極盡豪華富貴。在這輛車上，所用的金銀飾重達七五百克之多。加之大量施以彩繪，使整個銅車馬顯得雍容華貴、光彩奪目。

尤其是銅車馬的冶金鑄造技術更是令人驚嘆不已，採用了鑄造、焊接、鉚接、子母扣連接等十多種工藝方法製作而成。

如車上的傘篷蓋，當初採用了澆鑄和鍛造兩種工藝。傘蓋最厚處有〇點四公分，最薄處僅僅〇點一公分，而且有一定弧度。如澆鑄水準不高，就會在製造過程中導致銅液流動停滯不前的後果。而秦代工匠能做得如此完美，充分體現了他們高超的技術水平和卓越的創造力。

車窗兩頭的內孔滾圓，如車門、前窗用的活動鉸頁，繫馬肚子、馬頸的套環採用了策扣連接。

　　值得特別提出的是銼磨和彩繪相結合，大大增強了藝術效果。作者按馬體的不同部位的毛向銼磨，再塗彩色，造成真實的皮毛感。細部的真實和鮮明的質感是這乘銅車馬造型藝術的一大成就。

　　車馬通體彩繪，圖案花紋風格樸素、明快、大方，以白色為基調的彩繪肅穆典雅，配以大量的金銀構件，更顯得華貴富麗，這套大型的人俑車馬代表了秦代青銅鑄造工藝的突出成就。

　　秦陵銅車馬綜合各種工藝技術於一車，是秦代青銅製造、冶金工藝達到高度成熟的集中體現，是中華民族光輝燦爛古代文明的歷史見證。

　　秦始皇陵有大型的兵馬俑坑，在這裡發現的青銅劍比春秋時代的吳、越王劍晚了近兩百年，兩者最大的不同在於長度。春秋以前的劍很短，只有二、三十公分長，春秋時的劍發展到〇點五公尺至〇點七公尺左右，而秦陵完整的九把劍，最長的達〇點九四公尺，最短的也有〇點八一公尺。

　　這反映了劍的功能從主要以顯示身分的象徵物向戰場上實用兵器方向發展。

　　另外，秦劍在設計上不僅長，而且薄、窄，狀如柳葉，特別是劍身不完全平直，在離劍頭的地方有束腰，即呈弧形內收，從而增加了穿刺的速度和力量。另外，秦劍全是鑄造成型再銼磨。銼磨之後，採用拋光工藝，使劍身光亮平整，沒有沙眼。經測試，光潔度很高。兩千兩百年前的加工技術能達到這麼高的水準，令人驚異。

　　青銅劍一般都是短劍，無法做長的原因是青銅材料易折斷。在青銅時代，鑄劍的關鍵是在冶煉時，向銅裡加入多少錫。錫少了，劍太軟；錫多了，劍硬，但容易折斷。

　　秦兵馬俑坑中發現了一把完全不同的青銅劍，這把劍的長度竟然超過了〇點九一公尺。秦王劍之所以長度超出〇點六公尺，不僅僅是添加錫的比例，主要還是它的外形決定的。

　　秦王劍從正面看，由劍鍔部開始到劍尖，整把劍的形狀呈梯形，由寬至窄逐漸變窄，從側面看，也是由粗變細的，劍身的形狀略似於錐體，這樣的形狀可以減少劍身前端承受的應力，自然不容易折斷。

　　秦劍的代表左劍通長〇點九三公尺，身長〇點七二公尺。右劍通長〇點九二公尺，身長〇點七一公尺。兩劍的形制相同，劍體長而窄薄，中部起縱脊，近鋒處束腰，而且首、格、鞘附件齊全。特別是劍通體光亮，刃鋒銳利。經檢測，劍表面經過鉻鹽氧化處理。中國在兩千多年前就發明了這種先進工藝，堪稱冶金史上的奇蹟。

　　除秦皇陵青銅車馬和劍之外，秦朝比較著名的青銅器還有陝西咸陽長陵車站發現的秦青銅蒜頭壺，高〇點三七公尺，環形腹，細長頸，在壺的近口處鼓大呈蒜頭狀，分為六瓣。蓋底，圈足，通體素面。

　　另外還有雙詔橢升、北寖壺、弦紋鍪等，都是秦朝不可多得的青銅精品。

【閱讀連結】

　　秦朝時，鐵器全部用來生產農具，那個時候鐵的冶煉技術還不成熟，農具相比於武器顯然對冶煉技術的要求更低，因此可以用最先進的鐵器去生產糧食。

　　但武器要求的是可靠性和製造成本的低廉，還有大範圍的普及，這些方面來看當時的青銅冶煉技術最成熟，所以秦軍武器多是青銅的。

▌漢代青銅器彰顯匠心獨運

■東漢銅軺車

公元二五年，劉秀建立東漢，定都洛陽，開創了光武中興和明章之治。漢朝時期，中國是當時世界上最先進的文明及強大帝國。而且文化的統一，為中華民族兩千年的社會發展奠定了基礎，為中華文明的延續和千秋萬代做出了巨大貢獻，華夏族因此逐漸被稱為「漢族」。

在漢朝，中國的青銅製造主要是以一些皇家和貴族用具為主。比較著名的有長信宮燈、鎏金雲紋博山爐、馬踏飛隼、鏤空雲紋壺、楚大官壺、弦紋鎏金熊足樽、龍紋矩形銅鏡、獸紐熊足鼎等。

西漢之初，劉揭在消滅呂后的勢力中立下了汗馬功勞，因此被封為陽信夷侯。漢景帝時期，劉揭的獨生子因參與「七國之亂」而被廢除了爵位，他的財產被沒收，進入了長信宮，其中就包括一盞做工精巧的青銅燈。

長信宮是漢景帝時皇太后竇氏居住的宮殿，這盞燈被送入長信宮浴府使用，故又增加了「長信宮」字樣的銘文以示宮燈易主。後來，這盞燈又由竇氏送給她心愛的孫兒劉勝。劉勝之妻竇綰將銅燈視為珍寶，死後就將燈隨她埋入河北省滿城縣中山靖王劉勝夫妻墓中。

此燈的形態為一跪地執燈的梳髻覆幗，著深衣的跣足年輕侍女，手持銅燈。整件宮燈通高〇點四八公尺，重十五點八五公斤。由頭部、右臂、身軀、

燈罩、燈盤、燈座六個部分分別鑄造組成，頭部和右臂可以組裝拆卸，便於對燈具進行清洗。

宮燈部分的燈盤分上下兩部分，刻有「陽信家」銘文，可以轉動以調整燈光的方向，嵌於燈盤溝槽上的弧形瓦狀銅版，可以調整出光口開口的大小，用來控制燈光的亮度。右手與下垂的衣袖罩於銅燈頂部。

宮女銅像體內中空，其中空的右臂與衣袖兩片弧形板合攏形成銅燈燈罩，可以自由開合。燃燒的氣體灰塵可以透過宮女的右臂沉積於宮女體內，不會大量散逸到周圍環境中。燈罩上方部分殘留有少量蠟狀殘留物，推測宮燈內燃燒的物質是動物脂肪或蠟燭。

燈盤有一方鋬柄，座似豆形。宮燈表面沒有過多的修飾物與複雜的花紋，在同時代的宮廷用具中顯得較為樸素。燈座底部刻銘文九處，共六十五字，內容包括燈的重量、容量、鑄造時間和所有者等。

宮燈通體鎏金，光彩熠灼。宮女身穿長衣，衣袖寬大，她面目端莊清秀，凝眸前視，目光十分專注，頭略向前傾斜，神情恭謹、小心翼翼，表現出一個下層年輕宮女所特有的神態。宮女雙手持燈，左手持燈盤，右臂上舉，宛如舉燈相照的神態。

長信宮燈採取分別鑄造，然後合成一體的方法，此燈設計之精巧，製作工藝水準之高，在漢代宮燈中首屈一指。

長信宮燈形象秀美，設計精妙，將燈的實用功能、淨化空氣的原理和優美的造型系統地結合在一起。整個造型自然優美、舒展自如、輕巧華麗，一改以往青銅器皿的神祕厚重。是一件既實用、又美觀的燈具珍品，體現了古代匠師的創造才能以及當時的科學技術水平。

長久以來，長信宮燈一直被認為是中國工藝美術品中的巔峰之作而廣受讚譽。這不僅在於其獨一無二、稀有珍貴，更在於它精美絕倫的製作工藝和巧妙獨特的藝術構思。堪稱「中華第一燈」。

　　劉勝墓同時發現的一件金青銅雲紋博山爐高〇點二六公尺，腹徑〇點一五公尺。爐身呈半圓形，爐盤上部和爐蓋鑄出高低起伏的山巒。博山爐漢代開始出現，多為銅鑄，後代多有仿作。香爐的肇始起因於焚香習俗。

　　西漢初期，漢武帝之前，已經有了許多專用於焚香的香爐。古人多採用焚燒香料的辦法驅逐蚊蠅或去除生活環境中的濁氣。特別是在南越，薰香的風氣更盛。但那時所用香爐造型大都非常簡單。

　　漢代神仙方術流行，漢武帝嗜好薰香，也信奉道教。道家傳說東方海上有仙山名稱「博山」。武帝即遣人專門模擬傳說中博山景象製作了一類造型特殊的香爐，即博山爐，博山爐蓋做尖錐狀山形，彷彿傳說中的海上仙山。

　　劉勝墓發現的這件錯金青銅雲紋博山爐，爐蓋呈尖錐狀博山，因山勢鏤孔，雕塑出生動的山間景色。通體用金絲和金片錯出流暢、精緻、舒展的雲氣紋，金絲有粗有細，細的猶如人的髮絲。座把呈透雕三龍出水狀，龍首頂托爐盤，象徵著龍為溝通天、地、人三界的神獸。

　　爐盤裝飾以錯金流雲紋。盤上部鑄出峻峭起伏的山巒，奇峰聳出，山林間飾錯金線神獸出沒、虎豹奔走，輕捷的小猴蹲踞在高層峰巒或騎在獸身上嬉戲玩耍。

　　獵人出現在山間，有的肩負弓弩，有的正在追捕逃竄的野豬，氣氛緊張，畫面生動。兩三棵小樹點綴其間，刻畫出了一幅秀麗山景和生動的狩獵場面。

　　當薰香點燃時，香菸透過峰谷間鑄有的空隙繚繞於山間，產生山景迷濛，群獸靈動的奇異效果。爐器座較低，座把由透雕的三條蛟龍騰出波濤翻滾的海面，盤成圈足，以龍頭擎托爐盤隨風飄蕩的流雲。

　　被「錯金錯銀」工藝裝飾過的器物表面，金銀與青銅呈現出不同的光澤，彼此之間相映相托，將圖案與銘文襯托得特別華美典雅，色彩對比紋飾線條更加鮮明，藝術形象更為生動。該作品色彩黑、黃呼應，工藝精湛，裝飾華美，是一件古代青銅珍寶。

漢時博山爐有竹節形長柄薰爐和短柄龍座薰爐等形制，而以短柄博山爐最為常見，其器身較短，較適合於當時席地而坐時置於席邊床前或幃帳之中。而另一類長柄爐多適用於宴會等公共場合。

漢武帝之後，博山爐依然十分流行。據記載，漢宣帝時的博山爐上還刻有劉向做的銘文：「嘉此王氣，嶄岩若山；上貫太華，承以銅盤；中有蘭綺，朱火青煙。」

據《西京雜記》記載，漢成帝時，長安的著名工匠丁緩，就曾製作了極為精巧的九層博山爐，鏤以奇禽異獸，「窮諸靈異，皆自然運動」。丁緩還做出了更為著名的放在被縟裡用的「被中香爐」，其原理與現代航空陀螺上的萬向支架完全相同。

博山爐盛行於兩漢與魏晉時期。後來，這種爐蓋高聳如山的博山爐逐漸演變成香爐的一個固定類型。後世歷代都有仿製，並各有變化，留下了各式各樣的博山爐。

雖然在博山爐之前已經有了薰爐，但都不像博山爐那樣特點明確，使用廣泛，影響久遠，所以人們也常將博山爐推為香爐的鼻祖，並常把「博山」、「博山爐」用作香爐的代稱。

「錯金錯銀」工藝到了戰國時期已經發展得十分成熟，不僅容器、帶鉤、兵器等使用「錯金錯銀」，在車器、符節、銅鏡和漆器的銅口、銅耳等處，也大量使用精細的「錯金錯銀」紋飾。

因為這種工藝製作複雜，材質昂貴，所以當時也只有貴族才能使用。而東漢以後，盛極一時的「錯金錯銀」工藝逐漸被當時的戰亂淹沒了。

馬踏飛隼，又名馬踏飛燕、馬超龍雀、銅奔馬，發現於甘肅省武威雷台的東漢墓。墓主身分，依考據馬俑胸前的銘文，應為「守張掖長張君」陸墓，賻贈者為「左騎千人張掖長」。

西漢初年，由於張騫開通了「絲綢之路」，大宛國的特產大宛寶馬也傳入了中原，漢武帝非常愛好這種寶馬，稱之為「天馬」。

　　馬踏飛隼就表現了一匹軀體龐大的大宛寶馬踏在一隻正疾馳的飛隼背上，隼吃驚地回過頭來觀望，表現了駿馬凌空飛騰、奔跑疾速的雄姿。真正形成了天馬行空的一種神奇的勢態，產生出一種強烈的動感，的確是一件引人入勝的古代造型藝術精品。

　　奔馬身高〇點三四公尺，身長〇點四五公尺，寬〇點一三公尺。形象矯健俊美，別具風姿。馬昂首嘶鳴，軀幹壯實而四肢修長，腿蹄輕捷，三足騰空、飛馳向前，一足踏飛隼著地。這匹銅奔馬以隼作為托襯，主要是為了表現馬奔跑的神速。因為隼飛行的速度可達每秒八十公尺，只有大宛寶馬才具有這樣的優良特性。

　　從力學上分析，馬踏飛隼為飛隼找到了重心落點，造成穩定性。「馬踏飛隼」雖然是靜止的，但卻給人以靜中有動、半空虛蹈、一躍千里的感覺。鑄造以嫻熟精深的技巧，把所具有的力量和速度整合成充沛流動的氣韻，並渾然一體地貫注在昂揚的馬首、流線型的身軀和剛勁的馬腿上。

　　這種浪漫主義手法烘托了駿馬矯健的英姿和風馳電掣的神情，給人們以豐富的想像和感染。既有力的感覺，又有動的節奏。

　　馬踏飛隼中的馬同一側的兩條腿同時向一個方向騰起，這種姿態有一個專門的術語叫「對側步」。這在一般馬的奔跑中是看不到的，但是可以在野馬及其他野生動物那裡，欣賞到這種步伐的風采。難怪人們認為它反映的是天馬的雄姿。

　　漢朝的青銅珍品，還有山東淄博古墓陪葬坑發現的東漢齊王墓「龍紋矩形銅鏡」，鏡長一點一五公尺，寬〇點五七公尺，重五十六點五公斤。背部有五個環形弦紋紐，兩短邊又各鑄兩紐。每一環紐四周飾柿蒂形紋。背又飾有夔龍糾結圖案，捲曲交錯自如。

　　這件大型銅鏡大概要用柱子和座加以支撐，鏡背面和邊上的紐可能就是與柱子和座子固定時用的。另外，四川省綿陽市漢墓發現的東漢青銅搖錢樹也為青銅精品，通高一點九八公尺。整體由基座、樹幹、樹冠等共二十九種部件銜接扣掛而成。

基座為紅陶質，樹用青銅澆鑄。樹冠可分七層，頂層飾鳳鳥為樹尖；其下兩層的樹幹與葉合為一體，飾西王母、力士和璧等圖案；下部四層插接二十四片枝葉，向四方伸出。飾龍首、朱雀與犬、象與象奴、朱雀與鹿以及成串的錢幣等圖案。

特別有意思的是，樹幹上有造像，兩側各有一條飛龍。人像站立狀，身著袍衣，雙手下垂合於腰前，整體造型美觀而大方。

細看枝葉，每兩片為一對，有如芭蕉葉的，葉片上鑄有圓形方孔錢，每錢相互連接，鑄有一人做彎腰伸臂撿錢狀，葉片外側四周猶如太陽的光芒，延生出許多長短不一的萬縷細絲。有如橢圓形的，一頭為核桃大小的圓環，兩側鑄有飛龍，龍頭頂著錢幣，兩龍之間用錢幣連接，葉片外側如同刺蝟般的短刺所包裹。

【閱讀連結】

公元一九六九年九月十日，甘肅省武威地區金羊鄉新鮮大隊的民工，在武威縣北郊雷祖廟的雷台之下開挖戰備道地時，無意間挖掘出了一座東漢的將軍墓。出土文物共計兩百三十一件，其中有一雄偉壯觀的儀仗隊，在儀仗隊伍的最前面帶頭的，就是馬踏飛隼。

開始時，考古人員認為這只飛鳥的原形是燕子，就把這匹銅奔馬取名為「馬踏飛燕」，俗稱「馬踏飛鳥」。後來大家再經過仔細辨認，發現這只飛禽尾部的羽毛不是分開的，而燕子的尾部是分開成剪刀形狀，所以牠不應該是燕子。另外從馬與飛禽身體比例來看，飛禽也顯得很大，因此應該是隼。

公元一九八五年，武威市將「馬踏飛隼」定為象徵武威騰飛的城標。公元一九八六年，被定為國寶級文物。

▌漢代以後珍稀的青銅精品

中國兩晉南北朝至隋唐時期，青銅器製作開始走向衰退，至宋元明清時期，流行的則是對古代青銅器的仿製，仍然堅持向前發展的只有銅鏡的製作。

三國、兩晉、南北朝至隋統一前這三百多年間，雖然戰爭長期不斷，但其間也有相對的和平穩定時期。

這一時期的青銅冶鑄業，南方較北方興盛。湖北鄂城曾發現了吳、晉時期的採銅和煉銅遺址，並紅燒土和煉渣，但從總體看，比兩漢時代衰退了。湖北鄂城是孫吳前期的都城，據傳世或發現的銅鏡鏡銘看，當時在鄂城設有銅鏡製造行業，當地冶銅業頗為興盛。這一時期的青銅製品，

從器物種類到風格特徵，主要是沿襲兩漢以來的傳統，但一般較漢代銅器要粗糙許多。

而由於各民族融合，在青銅器鑄造上也表現了各民族相互學習和借鑑而形成的共同文化特點，當然，有些青銅器在一定程度上也反映了某一民族的特色。

三國、兩晉時期銅器種類仍以日常生活中使用的器皿為主，主要有：釜、斗、勺、酒搏、耳杯、洗、博山爐、燈、炭爐、熨斗、唾壺和銅鏡等；武器主要有弩機、刀等；車、馬器主要有鑲、轄。

西晉時期比較有代表性的是一件龍首柄斗，敞口，帶流，曲折龍柄，竹節足。斗的柄端做成龍首，口微開，口內含珠，龍角向後緊貼長頸，龍眼外突炯炯有神地探視前方，長頸曲折，恰似蛟龍橫空騰飛，形象生動。此器仍完好無損，彌足珍貴。

斗又稱「刁斗」，是古代青銅炊具，盛行於戰國漢及魏晉時代。一般認為斗為溫羹器，是軍隊用的一種銅製的鍋，白天用它燒飯做菜，夜裡做打更的柝用。器身做盆狀，腹較深，可儲食物。

腹下三足臨空著地，供堆放柴火燃料加熱之用。這一時期，斗形體常常較先前瘦高些，腹沿伸出一長柄，柄端常做成龍首形或獸頭形，便於握提。

兩漢時代的酒樽，多做圓形，直壁或圓形鼓腹，下均有三短足，有的在腹壁有兩鋪首。兩晉時期的酒樽有的則做成長筒形、平底。

　　銅洗在江蘇宜興晉周處墓和其他地區的晉墓都有發現，其特點基本上沿襲漢代作風。

　　這時期銅燈上常有紀年，傳世的西晉元康元年雁足燈即是，而且雁足燈是三國兩晉時期銅燈的主要類型。這一時期青銅弩機相當發達，在形制上與兩漢不易區別，但許多弩機均具銘，有的還有紀年，因而可確定其絕對年代，如魏青龍三年弩機。

　　三國兩晉時代的青銅生活用器已進一步被陶瓷器、鐵器所代替。青銅器以素面為主，外表較粗糙，僅少部分青銅器具有簡單的弦紋，銅洗中飾有魚紋，也有少數製品鎏金。

　　銅鏡的製作這時得到全面發展，如做於公元二七三年的神獸鏡，屬西晉宮廷器具，發現於河南淇縣。鏡面圓形，球形紐，紐外浮雕環繞式神獸，結跏趺坐仙人，外有鈐印式銘文。

　　南北朝對峙時代，南、北兩方的經濟都有一定程度的恢復發展，在各族人民的長期交往中，加深了民族間的融合。這時的青銅冶鑄業雖已衰落，但在很大程度上表現了民族文化交流的特點和某些民族的特色。

　　南朝宋、齊、梁、陳四朝，青銅器的主要種類有錐、斗、勺、熨斗、碗、杯、盤、唾壺、虎符等。湖北省當陽長坂坡一座南北朝墓發現的銅製品種類較多，有一瓶、一盆、一唾盂、一高足杯、一銅薰。隨葬銅製品如此豐富，在南北朝墓葬中是少見的。

　　這時期斗造型多微侈口，盆形平底，直腹或斜腹，口上一側常有一流，三高蹄形足，直柄或折柄。

　　江蘇省鎮江發現的五四八年的青銅熨斗特徵是直腹、平沿、直柄。共有四件，最大的一件熨斗上有朱書文字「一千太清二年二月十六日張」。

　　青銅碗為扁圓腹、矮圈足。如廣東省韶關的一件在器身與口沿還飾有四道弦紋。

隋朝時，各種手工業部門主要在官府控制下製作產品。國家設少府監，「由少府監統左尚、右尚、司織、司染、鎧甲等署」。

唐朝也設有管理各種手工業的機構，其中礦冶業與隋朝一樣仍由少府監下的掌冶署管理，掌冶署「掌熔鑄銅鐵器物之事」。從文獻記載看，唐朝採礦冶鑄業非常發達，冶銅的處所已達九十六處。從這時期的青銅器實物資料看，銅鏡鑄造業此時得到高度發展。隋唐統治者對鑄造銅鏡頗為重視，如唐中宗時曾「令揚州造方丈鏡，鑄銅為桂樹，金花銀葉，帝每騎馬自照，人馬並在鏡中。」

文獻還記載揚州要對朝廷進獻：「土貢：金、銀、銅器、青銅鏡。」江蘇省揚州市的掃垢山有一處多種手工業作坊遺址，其中即包括冶鑄造坊。

唐代景雲鐘鑄於七一一年，故名。此鐘原為唐長安城內的景龍觀鐘樓所用，明初移至西安鐘樓用以報時。

景雲鐘高二點四七公尺，腹圍四點八六公尺，口徑一點六五公尺，重六噸。用銅錫合金鑄成，鑄造時分為五段，共二十六塊鑄模，鐘體可見鑄模痕跡。鐘形上銳下侈，口為六角弧形。

鐘身有可調節音律的「蒲牢」形鐘乳三十二枚，鐘聲純美優雅，清脆洪亮。鐘身周圍鑄有紋飾，自上而下分為三層，每層用蔓草紋帶分為六格，共十八格。格內分別鑄有飛天、翔鶴、走獅、騰龍、朱雀、獨角獨腿牛等圖案，四角各有四朵祥雲，顯得生動別緻。

鐘身正面有駢體銘文一段，共兩百九十二字，分為十八行，每行十七字，空格十四字，字體為篆隸的楷書。此銘文由唐睿宗李旦親自撰文並書寫，內容是宣揚道教教義，闡述景龍觀的來歷、鐘的製作經過以及對鐘的讚揚，是李旦傳世極少的珍貴書跡。

而幾百年後，明代永樂年間，又出現了中國最大的青銅大鐘，即永樂大鐘，明永樂年間在北京德勝門鑄鐘廠鑄成，鑄造工藝精美，為佛教文化和書法藝術的珍品。擊之音色好、衰減慢、傳播遠。充分顯示鑄造工藝高超，奇妙獨特。

初創於兩千多年前商周時代的陶範法，至明代，在能工巧匠手中早已成為駕輕就熟、爐火純青的工藝，而能夠製作出精美實用的大鐘。

明成祖朱棣登基之後，想透過鑄佛鐘來超度死去將士的亡靈，並假借佛祖之名為自己篡位找到一個藉口。道衍和尚猜出了明成祖的心思，請旨鑄鐘，於是誕生了「永樂大鐘」。

永樂大鐘上的銘文，據說是大書法家沈度率京中名士先在宣紙上把經文寫就，然後用硃砂反印到鐘模上，再由工匠雕刻成凹陷的陰文。剩下的事，便是以火為筆，以銅為墨，將這光潔挺秀、見稜見角的二十二萬七千個金字便一揮而就了。

一四二〇年前後，永樂大鐘鑄成，朱棣傳旨把大鐘懸掛於漢經廠。漢經廠位於紫禁城的邊上，屬於皇家宮殿群的一部分。

永樂大鐘可以說是一口集中國各類古鐘之大成的巨鐘。它通高六點七五公尺，最大直徑三點三公尺，鐘壁厚度不等，重約四十六噸。鐘體內外遍鑄經文，共二十二萬七千字。

銅鐘合金成分為：銅百分之八十點五四、錫百分之十六點四、鋁百分之一點一二，為泥範鑄造。除含有銅、錫、鉛、鐵、鎂外，還含有金和銀，而且含量很高，其中含金十八點六公斤、含銀三十八公斤。

金鑄在銅器中，可防止鏽蝕，銀則可提高澆鑄液的流動性，這正是永樂大鐘五百多年保持完好，鐘聲依然洪亮悠揚動聽的原因。

永樂大鐘有「五絕」。第一絕是形大量重、歷史悠久；第二絕，永樂大鐘是世界上銘文字數最多的一口大鐘；第三絕是大鐘奇妙優美的音響，有人給永樂大鐘的鐘聲下了八個字的評語：「幽雅感人、益壽延年」；第四絕是大鐘科學的力學結構。永樂大鐘的懸掛紐是靠一根與鐘體相比顯得很小的銅穿釘連接的。別看穿釘很小，卻恰恰在它所能承受四十多噸的剪應力範圍之內；第五絕是大鐘高超的鑄造工藝。

最為舉世罕見和引人驚嘆的奇蹟，莫過於將二十二萬七千字的佛教經文和咒語上上下下、裡裡外外鑄滿大鐘的每一寸表面。明成祖晚年潛心撰寫《諸佛世尊如來菩薩尊者神僧名經》四十卷。其中前二十卷便鑄在永樂大鐘上。

鐘上的鑄字還有許多其他漢文佛經和梵文佛咒。二十三萬字的版面，安排得如此勻稱整齊，從頭至尾絕無空白，又一字不多一字不少，真要經過一番精心的運籌和計算。

永樂大鐘作為一個發聲裝置，體現在幾何形狀大致固定的情況下，單靠厚度的變化就能帶來極為豐富的泛音。重擊一次，鐘聲持續時間可達三分鐘之久，可以傳出四、五公里之遠。最後繞梁不絕的餘音是最低的基音，總帶著莊嚴的嗡嗡之聲。

永樂大鐘外形設計簡潔、流暢，外壁「中宮」均勻地鑄有六道平行環形線，最上面的一道環形線在「鐘肩」位置，最下面的一道平行環形線與鐘裙上沿波曲弧弦紋局部，呈有規律靠近但並未重疊狀。

區分鐘體的「中宮」與「鐘裙」，可以用以劃分「銘文圈」和美化「合範縫」。劃分銘文圈的實用性是為了方便經文排版布局和句讀的需要，能夠增強佛經銘文感染力；美化合範縫指的是鑄鐘工藝的需要，運用若干條規整的平行環形線把其美化了。

永樂大鐘上各個佛經的布局安排、起訖部位十分考究縝密，一些重要佛經的起訖部位大多安排在鐘體的東方，不僅如此，《諸佛名經》在鐘體外壁各「銘文圈」的銜接部位，以及在鐘壁內外「三進三出」的出發點和回歸點，大多也在各銘文圈的東方。

公元一五七七年，北京西郊新的皇家寺院萬壽寺建成，萬曆皇帝想起了沉寂一五十多年的永樂大鐘，他下令把漢經廠的永樂大鐘遷到萬壽寺。

公元一七三三年，北京城北的覺生寺建成，有一位大臣想起了萬壽寺裡的永樂大鐘，就建議把永樂大鐘移至覺生寺。雍正皇帝立即頒旨遷大鐘至覺生寺，後稱大鐘寺。

明、清兩朝，每逢辭舊迎新之際，大鐘寺的和尚都要敲鐘一百〇八下。據說一是因為一年有十二個月、二十四個節氣、七十二個候；二是因為佛教認為人有一百〇八種煩惱，敲一百〇八下鐘，人聽了鐘聲便可消憂解愁。

【閱讀連結】

唐代詩人李頎在〈古從軍行〉中寫道：「行人刁斗風沙暗，公主琵琶幽怨多。野營萬里無城郭，雨雪紛紛連大漠。」

說的是軍人們背著刁斗，在昏天黑地的風沙中艱難行進，這時聯想到漢代從這條路遠嫁烏孫王的公主，一路上都彈奏著琵琶曲，一定充滿幽怨。在荒無人煙的地方野營過夜，飄起瀰漫天地的大雪，和遠處的沙漠連成迷濛一片。

這是作者對邊塞和軍旅生活的親身體驗，足以證明青銅斗是古代軍隊「晝炊飲食，夜擊持行」隨身攜帶的軍旅炊器。

國家圖書館出版品預行編目（CIP）資料

青銅時代：青銅文化與藝術特色 / 張學亮 編著 .-- 第一版 .
-- 臺北市：崧燁文化，2020.01
　　面；　公分
POD 版

ISBN 978-986-516-141-5(平裝)

1. 青銅器 2. 中國

793　　　　　　　　　　　　　　　　　108018648

書　　　名：青銅時代：青銅文化與藝術特色

作　　　者：張學亮 編著

發 行 人：黃振庭

出 版 者：崧燁文化事業有限公司

發 行 者：崧燁文化事業有限公司

E-mail：sonbookservice@gmail.com

粉 絲 頁：（QR code）　　網址：（QR code）

地　　　址：台北市中正區重慶南路一段六十一號八樓 815 室

8F.-815, No.61, Sec. 1, Chongqing S. Rd., Zhongzheng

Dist., Taipei City 100, Taiwan (R.O.C.)

電　　　話：(02)2370-3310 傳　真：(02) 2388-1990

總 經 銷：紅螞蟻圖書有限公司

地　　　址：台北市內湖區舊宗路二段 121 巷 19 號

電　　　話:02-2795-3656 傳真:02-2795-4100　　網址：（QR code）

印　　　刷：京峯彩色印刷有限公司（京峰數位）

本書版權為現代出版社所有授權崧博出版事業有限公司獨家發行電子書及繁體
書繁體字版。若有其他相關權利及授權需求請與本公司聯繫。

定　　　價：200 元

發行日期：2020 年 01 月第一版

◎ 本書以 POD 印製發行